HISTORIAS DE UN MITIN DE 1977

HISTORIAS DE UN MITIN DE 1977

EL DILEMA EUROCOMUNISTA

Domingo Garí

Historias de un mitin de 1977. El dilema eurocomunista
Domingo Garí

Directora de arte: Amelia García

Primera edición en Ediciones Idea: 2024
© De la edición:
 Ediciones Idea, 2024
© Del texto:
 Domingo Garí

Ediciones Idea

• San Clemente, 24 Edificio El Pilar
38002 Santa Cruz de Tenerife.
Tel.: 922 532150
Fax: 922 286062
• León y Castillo, 39 - 4º B
35003 Las Palmas de Gran Canaria.
Tel.: 928 373637 - 928 381827
Fax: 928 382196
• correo@edicionesidea.com
• www.edicionesidea.com

Fotomecánica e impresión: Gráficas Tenerife, S.A.
Impreso en España - Printed in Spain
ISBN: 978-84-10272-23-1
Depósito legal: TF 439-2024

1. Prefacio

La historia del PCE en Canarias y en Tenerife de manera particular ha sido, injustamente, relegada a un segundo plano por las investigaciones que abordan la época de la transición a la democracia. No puedo, para ser justo, no ser autocrítico, porque me encuentro entre esos historiadores que han dedicado mucha más atención a otras organizaciones políticas que al PCE. Así que el trabajo que se presenta aquí tiene algo de pionero y, también, de intento de invitar a otras a abordar con mayor profundidad el papel de este partido en Canarias en el periodo transicional.

La estructura de este libro surgió de las entrañas del Archivo de la Transición Democrática en Canarias (ATDC), de la Universidad de La Laguna, tras la donación de una colección de fotografías sobre la primera visita de Santiago Carrillo a

Tenerife, ocurrida en mayo de 1977[1]. Desde que se recibieron las fotografías y pude comenzar a ojearlas pacientemente vi claro el tema que debía abordar. Tenía que seleccionar las que se habían sacado en el mitin y centrar el trabajo en dos puntos. El primero, explicar el momento del partido en 1977, en el marco del debate que el PCE había generado en el seno del comunismo. El segundo, debía contar las microhistorias de vida de la militancia de aquellos que pudieron asistir a ese evento histórico con Carrillo, en la plaza de toros de Santa Cruz de Tenerife, así como de algunos elementos decorativos dispuestos por el partido en el recinto.

Las fotografías tenían que ser explicadas históricamente. Los protagonistas que escojo fueron todos militantes del PCE, o de otros partidos. Algunos, miembros de su dirección, y otros, militantes de base. La selección de fotos que he realizado es solo una parte de la colección donada. Hay muchas más del propio mitin, y de actos paralelos que se celebraron aprovechado la visita de tan ilustre personaje, así como fotografías de la campaña electoral de junio de 1977, en la que participaron otros relevantes miembros de la dirección estatal del partido, pero no Carrillo. Se

---

[1] La donación la hizo Juan Jesús Arteaga, histórico militante del PCE en la isla.

hicieron visitas a barrios obreros en los que el PCE tenía un apoyo importante, y se ve a su secretario general rodeado de la gente del lugar. También hay fotografías tomadas en el local del PCE en Santa Cruz de Tenerife, en las que Carrillo protagoniza una rueda de prensa.

Las fotos de la llegada al aeropuerto del norte recogen la expectación que se había generado. Toda la plana mayor del PCE insular acompaña a su líder estatal desde que entra en el edificio terminal hasta que se sube al coche que lo dirige a la capital de la isla. En el interior del edificio aeroportuario se puede divisar la figura de un guardia civil que observa la operación, situado detrás de la cristalera. Traté de localizar al agente, y tras numerosas indagaciones me comunicaron en la comandancia de la Guardia Civil de la isla que había fallecido hacía unos años. Mi intención era entrevistarlo e incorporar su foto a las comentadas, porque me parecía conveniente indagar en cómo habría vivido él ese momento en que ve aparecer a Carrillo en persona, tras las enseñanzas sectarias que habría recibido en su formación como miembro de ese cuerpo militar.

La selección de cada foto va acompañada de una microhistoria de la persona central que aparece en ella. Cuando el objeto principal no es una persona se hace una microhistoria de lo fotografiado, explicando qué significación tiene ese objeto enmarcado y cómo hay que entenderlo en la historia de la isla y, en particular, de ese momento histórico concreto. Las imágenes seleccionadas me parecieron lo suficientemente significativas como para poder explicar completamente la idea de un libro que nos habla de historias de un mitin. Este número de fotografías, obviamente, no acaba con todas las posibles historias de las personas que acudieron ese día a ver a Carrillo, pero sí son suficientes como para hacernos una idea aproximada de los puntos de vista que convergieron ese día en la plaza de toros.

Tras trabajar con las fotografías comprendí la necesidad de sumergir al lector en el debate que en aquellas fechas tuvo el movimiento comunista. Había que hablar del eurocomunismo y de su incidencia en España y en el mundo, y las reacciones que suscitó en distintos actores nacionales e internacionales. Las críticas al eurocomunismo vinieron del interior del partido y terminaron consumando escisiones y tensos debates dentro del mundo comunista, y también procedieron del exterior, sobre todo de la URSS, por cuanto el eurocomunismo era una impugnación a la centralidad de la propia URSS en el mundo del comunismo e implicaba una nueva forma de entender el camino que habrían de seguir desde entonces los partidos comunistas en Europa y quizá en Japón, porque el eurocomunismo no quería solo representar a los países del sur de Europa, sino que era una reflexión que abría nuevas vías hacia el socialismo en las sociedades de capitalismo desarrollado, que conjugaba la existencia de partidos comunistas con modelos de democracia liberal y capitalista.

El problema estaba centrado en cómo construir el socialismo en sistemas democráticos y en tomarse en serio la propia democracia y no entenderla como una mera extensión de los intereses de las burguesías nacionales y, por tanto, usarla de manera táctica, sino pensarla desde el punto de vista estratégico. La democracia debía ser piedra angular del nuevo sistema socialista. En esa idea se centró la campaña del PCE de 1977, y era también elemento central en la reflexión que tenía entre manos el Partido Comunista de Italia, verdadera organización inspiradora y columna vertebral de la idea de eurocomunismo, al que flanqueaban el PCE y el PCF. Los escoltas del PCI daban cada uno una medida distinta en el desafío. El PCE porque aún era débil y estaba a la salida de una compleja situación en una España que todavía tenía que ver en qué dirección iba el sistema posfranquista. El caso francés estaba condicionado por el hecho de que los comunistas franceses tenían una mirada más conservadora, de la que les costaba librarse con las mismas energías y ganas que los italianos. Así que esas condiciones hicieron posible que fuera el PCI el verdadero centro motor de la idea, sin que esto signifique una desvalorización del papel que los otros dos partidos desempeñaban en su promoción. De manera especial, el caso español fue el que se llevó la crítica más contundente y dura por parte de la URSS, por aquello de que a perro flaco todo son pulgas. No era lo mismo para los soviéticos tratar de dividir al PCE que hacerlo con los homólogos franceses o italianos. Desde 1973 los soviéticos promocionaron escisiones en el seno del PCE que, sin embargo, no dieron como resultado sino minúsculos partidos comunistas, irrelevantes en la vida política del país.

Además de eso, las razones que llevaron a la URSS a descargar su furia contra el PCE eran que, en sus publicaciones de aquellos años, Carrillo había dibujado de manera expresa, sin paños calientes, una imagen muy crítica de la Unión Soviética.

El eurocomunismo también fue criticado por las organizaciones de la extrema izquierda, algunas fruto de escisiones del propio PCE, que para el caso canario reflejamos en el texto, pero a nivel más general, algunos intelectuales y militantes de renombre internacional entraron en la discusión. Me parece importante señalar el libro que Ernest Mandel le dedicó al tema con un título muy directo: *Crítica del eurocomunismo*, que se publicó en España en marzo de 1978, solo dos meses después de haber visto su primera edición francesa en enero de ese mismo año, en plena efervescencia eurocomunista. Mandel, como principal figura heredera del trotskismo en aquellas fechas, sostuvo la tesis de que los eurocomunistas habían abandonado la idea de la revolución y que fragmentaban la lucha del movimiento obrero, porque con su discurso no preparaban al proletariado para su enfrentamiento contra la burguesía, sino que diluían sus fuerzas con las consignas de la paz y la democracia.

> En este sentido, la doctrina del eurocomunismo es una doctrina de desmovilización y de derrota del proletariado europeo en el umbral de las grandes explosiones prerrevolucionarias que se avecinan, sobre todo en el sur del continente[2].

Mandel era quizá, también, víctima del espejismo revolucionario de muchos en aquel entonces. Ninguna revolución hubo en la Europa del sur y, desde luego, ninguna en la del norte. Más bien al contrario, lo que vino a finales de la década fue el ascenso de los neoconservadores Thatcher en 1979 en Gran Bretaña y Reagan en 1981 en EEUU y con ellos el inicio de una gran época de contrarrevolución neoliberal que llega hasta nuestros días, que arrambló con la URSS y con una buena parte del estado del bienestar en Europa occidental. Mandel reconoció la validez de muchas de las críticas que Carrillo lanzaba contra la URSS, y de la caracterización de aquel socialismo como una

---

[2] Mandel, E.: *Crítica del eurocomunismo*, Fundamentos, Barcelona, 1978, p. 85.

forma de degeneración burocrática encabezada por un funcionariado convertido en clase social privilegiada. También compartía con el dirigente español la calificación de sistema totalitario y decía que aquellas críticas ya las había puesto de manifiesto Trotski; además, subrayó que Carrillo con su crítica a la URSS había rehabilitado explícitamente a Lev Davídovich Bronstein.

En otro momento Mandel dice que Carrillo, en parte, hizo una crítica idealista al estalinismo, al no señalar que el problema de la URSS no era meramente consecuencia de unas difíciles condiciones de aislamiento para construir el socialismo, es decir, que no era solo una elección resultado de unas condiciones objetivas impuestas desde el exterior, sino que fue el fruto de los intereses de una clase social nueva, la burocracia soviética, que se había alzado con el poder en la URSS. Para Carrillo la burocracia era una capa social y no una clase, una capa que detentaba el poder del Estado. Mandel quería llevar el razonamiento crítico de Carrillo hacia la URSS a su conclusión lógica en el seno de su partido, y para ello pensaba que se tenía que democratizar el PCE internamente, impulsando el

> reconocimiento del derecho de tendencia; vuelta al centralismo democrático de la época leninista, con entera libertad de discusión en el seno de las organizaciones obreras, incluyendo discusiones públicas; abandono y rechazo de todas las prácticas de

manipulación burocrática, que van en contra de los procedimientos de la democracia obrera[3].

Cito, expresamente, este punto porque nos habla de lo que no era el partido y, por aquel entonces, era una crítica extendida por la derecha y la izquierda del PCE a los partidos del eurocomunismo. Esto era una recomendación para la fraterna discusión entre los camaradas de la IV Internacional con los eurocomunistas, además de no olvidar que el proyecto en sí mismo, toda su "estrategia reformista", servía objetivamente a la causa de la burguesía, en vez de ahondar en su crisis. En cualquier caso, Mandel señalaba la necesidad de abrir un diálogo resuelto y abierto con los militantes de los distintos partidos comunistas para profundizar en sus contradicciones y tratar de que ellos presionaran desde dentro para poner freno a la deriva reformista.

Todos estos puntos señalados aquí formaron parte del debate abierto tras la emergencia del eurocomunismo, junto con otros, y con las contrarréplicas oportunas que los partidos comunistas propusieron y argumentaron. Con el eurocomunismo fue la última vez que se abrió un debate profundo en el seno de los partidos comunistas, y en el interior de la tradición comunista, y en cierta forma vino a significar también el momento final

---

[3] *Ibid.*, p. 89.

de esa tradición abierta mundialmente en 1919 con la creación de la Internacional Comunista.

El eurocomunismo no dejó indiferente a nadie. Agitaron un avispero y los picotazos se iban a repartir por todos lados. Los checoslovacos con su socialismo de rostro humano habían intentado una reforma desde dentro del Pacto de Varsovia, que fue rápidamente laminada por los tanques de la URSS. En los países occidentales la experiencia parecía que podía haber alcanzado un nuevo nivel de desafío, pero las condiciones de la guerra fría y la vigilancia que EEUU mantenía sobre sus países satélites tampoco permitieron que los comunistas reformados, como los del PCI, pudiesen acceder al poder en aquel intento de compromiso histórico que trató de constituir un Gobierno Democracia Cristiana-PCI en los años setenta[4].

Para concluir este prefacio quiero reseñar que la experiencia comunista en las islas pudo haber alcanzado una mayor presencia en 1977, no institucional, pero sí política, si no se hubieran producido las escisiones que se sucedieron en el PCE después de 1973. No es esto una valoración ni moral ni política, sino solo una constatación. Cierto que la mera suma de cifras no nos explica nada, porque quizá se podría leer que, en reali-

---

[4] Ganser, D.: *Los ejércitos secretos de la OTAN. La operación Gladio y el terrorismo en Europa occidental*, El Viejo Topo, Barcelona, 2005.

dad, las escisiones generaron una nueva dinámica sociopolítica en las islas, a la postre más beneficiosa. Pero los comunistas del PCE, que es de lo que va este libro, habían acumulado un crecimiento sostenido de su influencia desde comienzos de los años setenta. Aumentaron su presencia entre los jóvenes, las mujeres, en la universidad y en distintos ámbitos laborales y profesionales, así como entre sectores obreros y en barrios de las clases trabajadoras.

En las elecciones generales de 1977, las primeras de la reciente historia democrática, el PCE obtuvo en Tenerife 10.643 votos, lo que representaba un 4,05%. Hay que recordar que la participación en aquellas elecciones fue del 65%, con un número de abstencionistas mucho mayor en Tenerife que en la provincia de Las Palmas. Las fuerzas escindidas del PCE, que concurrieron con las siglas ICU, obtuvo 4.118. Sumadas ambas el resultado habría sido de 14.761, y habrían sido la fuerza número cuatro tras Alianza Popular, que con sus 27.000 votos recordemos que tampoco tuvo representación en esas elecciones por la provincia de Tenerife. Los resultados de entonces dieron cinco diputados a UCD y dos al PSOE. En Las Palmas la fractura del voto comunista fue aún mayor, dado que Pueblo Canario Unido, frente político de comunistas escindidos del PCE, obtuvo 17.717 votos, los que, sumados a los 7.467 del PCE y a los 1.476 del Frente Democrático de

17

Izquierdas, hubiesen alcanzado la cifra 26.660 votos comunistas, consolidando con mucha diferencia respecto de AP la tercera posición que logró por sí solo PCU. En Canarias el voto comunista unificado en las elecciones de 1977 hubiera obtenido 41.376 sufragios, quedando por encima de AP a nivel nacional canario. Este ejercicio de historia ficcionada, en realidad, no tiene más que la validez de resaltar el razonamiento obvio de que la división del PCE en otros tantos partidos no ayudó a consolidar un espacio de la izquierda comunista en las islas, aunque sí coadyuvó a abrir un espacio político nuevo claramente inspirado por los comunistas de extrema izquierda, que favoreció el nacimiento del espacio nacional popular o, si lo prefieren, el del nacionalismo de izquierdas, aunque esto responda a otro trabajo distinto al que presento aquí.

2- La normalización del PCE

El PCE fue el partido que hizo frente a la dictadura franquista las cuatro décadas que duró. En unas condiciones de extrema dificultad, mantuvo la esperanza de que la dictadura cayera arrastrada por la fuerza de las masas. Esto no ocurrió y el PCE fue reformulando su estrategia y la visión del proceso a medida que transcurrían los años y la dictadura no mostraba signos de debilidad.

Otros partidos de mayor historia, como era el caso del PSOE, habían desaparecido del escenario político prácticamente todo el tiempo que el fascismo gobernó en España. Algunos otros, menores, que habían sido pujantes en la República no volvieron a resucitar y quedaron sepultados tras la guerra civil. De estos partidos republicanos solo quedó una ligera estela de pequeños grupos en alguna capital de provincia.

En el terreno sindical, aunque aquí no hablaremos sobre eso, fueron las Comisiones Obreras

Domingo Garí

(CC.OO.), muy vinculadas al PCE, las que llevaron adelante la lucha obrera durante esas décadas. La UGT, igual que su hermano el PSOE, no jugó ningún papel relevante en la lucha contra la dictadura ni en las protestas laborales del movimiento obrero. Esta somera descripción debe ser complementada con el hecho de que para el País Vasco hay que tener en cuenta a otros sujetos operativos vinculados al mundo del nacionalismo. E, igualmente, en Cataluña, las dinámicas políticas tenían sus propias características. Por lo demás, para el conjunto del Estado fue el PCE el protagonista casi exclusivo de la oposición, sin que escatime el papel que después de los sesenta comenzaron a jugar los núcleos de cristianos de base en los barrios populares y en las protestas laborales.

Los debates sobre lo acertado o no de las estrategias del PCE estuvieron siempre presentes en el partido y en sus alrededores. Las críticas a la dirección arreciaron desde los años sesenta y ya no dejaron de estar presentes hasta la hecatombe de comienzos de la década de los ochenta. Cargos orgánicos, intelectuales cercanos, historiadores, periodistas y cualquier otro en condiciones de elaborar una teoría alternativa tomaron parte en el debate.

El PCE fue acusado de prosoviético, de tener una dirección inmovilista, de ser reformista, burocrático, de perder la oportunidad de llevar más lejos el proceso de transición, de tener una dirección excesivamente personalista, de aplicar purgas estalinistas contra quienes se rebelaban ante las decisiones del secretario general, de desmovilizar a las masas a cambio de una legalización que implicó prácticamente el abandono del programa democrático. Estas eran algunas de las críticas desde la izquierda. Pero antes, la fundamental, fue la crítica a la nueva vía del PCE de cara al final de la dictadura, que se conoció como el Pacto por la Libertad, aprobado en el VIII Congreso, de 1972, a partir del cual comienzan las escisiones que dieron lugar primero a la OPI, Oposición de Izquierda, y después al Partido de Unificación Comunista en Canarias, Células Comunistas y al Partido Comunista Canario (provisional). Los tres primeros quisieron ser escisiones con la voluntad de reconstituir el partido comunista a nivel de Estado; el cuarto no: ya desde la temprana fecha de 1973, su salida del PCE se hace con la voluntad de crear un partido comunista canario autodeterminista y anticolonial.

En esta parte del libro vamos a analizar las nuevas posiciones del PCE y, posteriormente, las críticas de los partidos comunistas a su izquierda. Con ello quiero animar un debate sobre nuestra historia reciente que reevalúe el papel del PCE durante la transición, y cómo se afrontó el nuevo proceso político por las izquierdas comunistas en un momento particularmente sensible de nuestra

21

historia, porque en aquel entonces se pusieron las bases del nuevo sistema con el que nos las hemos tenido que ver. No solo en la historia española y canaria el final de los ochenta fue decisivo, sino que con el colapso de la URSS y del modelo comunista que ella encarnaba, y que tanta influencia había tenido sobre los demás comunismos, se superpuso a la propia crisis del PCE. Con la implementación del modelo neoliberal, la crisis de 2008 y los peligros de una nueva y definitiva guerra mundial, con la expansión de la OTAN y el ascenso de nuevos poderes mundiales, y sin un horizonte de transformación, no parece posible salir del impás de un modelo neoliberal en crisis, que tampoco encuentra la manera de dar respuesta a su parálisis.

Particularmente, en el caso del Estado, seguramente que, si el PCE no se hubiera visto fagocitado debido a sus escisiones, a un excesivo personalismo y al ascenso fulminante del PSOE, sobre todo tras 1982, la política hacia el pasado habría sido distinta, y habría sido posible una composición de mayorías alternativas en los poderes, judicial, militar y policial, así como hacer frente con mayores garantías a los monopolios financieros y mediáticos. Se podría contraargumentar que la historia italiana reciente desmiente ese optimismo y, seguramente, sería muy difícil rebatirlo; pero, ciertamente, sí que nos podía haber dado la oportunidad de afrontar con más determinación la influencia del nacionalcatolicismo en la historia de España, lo cual no es poco.

La fragmentación debilitó el peso de los comunistas y con ello la calidad de la democracia se vio mermada. Las elecciones de marzo de 1979, a las que ya pudieron concurrir todas las siglas que quisieron, nos dan una visión aproximada de cómo la unificación del voto comunista hubiese irrumpido con una fuerza notablemente mayor que como lo hizo finalmente. Todo el voto comunista de 1979, tomando como tal todas las candidaturas que llevaron en su nombre la palabra *comunista*, sumó 2.482.011 papeletas, lo que hubiera representado alrededor del 14% del voto emitido, multiplicando considerablemente los diputados que los comunistas lograron realmente al ir divididos en nueve partidos. De ellos, solo el PCE-PSUC logró representación al obtener 1.938.487 votos, lo que significó un 10,77% del sufragio y veintitrés diputados. Una merma muy considerable que terminó debilitando las posibilidades que un comunismo fortalecido hubiera podido imprimir al proceso democrático. El hecho de que las izquierdas tiendan a fagocitarte sigue siendo un tema pertinente tras ver la última experiencia en el Estado después de 2015.

Para ceñirnos al contenido de este libro propongo centrar el debate desde el momento que se enfila la reforma eurocomunista del partido, los debates que hubo en torno a ello y hasta 1977, que

23

es el año al que pertenecen las fotos comentadas que vemos en este trabajo, cuando Carrillo llega a Tenerife para hacer la precampaña de las elecciones generales de junio. Las imágenes irán acompañadas de testimonios de sus protagonistas y de comentarios sobre las propias fotografías.

2.1- La reforma y el protagonismo del PCE

Cuando Carrillo entró clandestinamente en España el 7 de febrero de 1976, era consciente de que ya no habría vuelta atrás. Fue detenido el 22 de diciembre en Madrid y el Gobierno no sabía muy bien cómo manejar la situación que ellos mismos habían creado deteniéndolo. Una vez en comisaría le propusieron enviarlo de vuelta a París, medida que Carrillo rechazó: le pidió al ejecutivo que le llevara ante los tribunales de justicia y que estos decidieran. A los ocho días salió en libertad, forzándose así una medida aperturista del Gobierno[5].

Tras la guerra civil, el comunismo quería abrirse un espacio legal, y Carrillo, que había abandonado el país en 1939, quería colocarse en disposición de controlar del todo al PCE y aplicar su estrategia para la transición desde el interior. Demandaba un rol principal para el nuevo proceso, y

---

[5] Carrillo, S.: *Memorias*, Planeta, Barcelona, 2005.

eso requería, en cierta manera, desmontar todo el aparato clandestino del interior y sustituir a esas personas por otras de mayor cercanía personal. Personas que serían designadas por él. En quien primero se apoyó fue en Antoni Gutiérrez, que a no tardar sería secretario general del PSUC[6].

En los meses previos a la entrada de Carrillo hubo contactos promovidos por Juan Carlos de Borbón, con los que pretendía conocer de cerca qué pensaban los comunistas para el día después de Franco. Según nos relata Morán, Manuel Prado y Colón de Carvajal, que a todos los efectos era el embajador privado de Juan Carlos, se reunió en la Embajada de Rumanía en París con el presidente Nicolai Ceaucescu, que era de los dirigentes de la Europa del este que tenían mayor ascendencia sobre el PCE, teniendo en cuenta que en su país estaban los estudios de Radio España Independiente, la emisora del PCE conocida como «La Pirenaica». El rey quería que los rumanos transmitiesen a Carrillo la garantía real de que el PCE sería legalizado, siempre que el partido diera tiempo prudencial para activar esa maniobra, lo que incluía el compromiso de no cuestionar la monarquía. Este sería el inicio del cambio de rumbo del partido en torno a la ruptu-

---

[6] Morán, G.: *Miseria y grandeza del Partido Comunista de España, 1939-1985*, Planeta, Barcelona, 1986.

25

ra democrática y de su acercamiento a lo que posteriormente se conocería como la ruptura pactada, que vino a ser básicamente el pacto de la transición tal cual sucedió.

Como no podría haber ruptura, tendría que darse una negociación con los poderes del Estado, a la vez que se aceptó que fueran el propio Estado y el Gobierno los que llevarían la iniciativa para la transición. Durante la celebración del comité ejecutivo del 11 de mayo de 1976 se asumió ese nuevo análisis. Según algunos estudios, el cambio de rumbo en ese momento fue el inicio de la bancarrota del PCE, que terminaría de consumarse tras las elecciones de octubre de 1982. La militancia se redujo en un porcentaje altísimo, pasando de más de 200.000 afiliados en 1977 (300.000 según otros autores) a 80.000 en 1982[7].

El PCE estaba embarcado en una doble transición, replanteándose el papel del partido ante el proceso de apertura en España y sumido en el

---

[7] Llorens, C.: *Historia del Partido Comunista de España. Desde los orígenes (1920) hasta el periodo de su conversión al reformismo (1956-1982)*, Fernando Torres editor, Valencia, 1982. Paul Preston habla de 201.575 en 1977 y 132.069 en 1981. Preston, P.: *El zorro rojo. La vida de Santiago Carrillo*, Debate, Barcelona, 2013, pp. 309-320. Andreu Navarra mantiene las cifras de Preston hasta 1981 y después señala que 84.652 en 1982. Navarra, A.: *El comunismo en España. Mito, pueblo y revolución*, Madrid, Cátedra, p. 271.

viaje hacia el eurocomunismo, del que pretendía ser adalid junto con el PCI y el PCF.

Entrado 1977 se produjo la matanza de abogados laboralistas en Atocha, vinculados al PCE.

> Los todavía partidarios del franquismo, de la mano dura, veían aquel intento de entendimiento con la oposición democrática, como una nueva traición al régimen anterior y no estaban dispuestos a permitirlo. La violencia de la extrema derecha, su continua provocación, iban a aumentar. Incluso se llegó a hablar de que aquella misma noche era la noche de la revancha; la noche de los cuchillos largos[8].

La sociedad, particularmente sus clases dirigentes, aguardó expectante a ver cuál sería la reacción del partido. La contención y mesura del PCE, a la vez que su demostración de fuerza durante el despliegue de seguridad y asistencia al entierro, terminó de convencer a Suárez y al rey de la necesidad de su legalización antes de las elecciones de junio de 1977, si querían que estas estuviesen plenamente legitimadas. Se llevó a cabo la reunión secreta entre Suárez y Carrillo en la que se comprometieron a dar los pasos necesarios para la plena normalización. Carrillo le prometió a Suárez el reconocimiento de la monarquía y de la bandera y la asunción del modelo de transición dirigido

---

[8] Ruiz-Huerta Carbonell, A.: *La memoria incómoda. Los abogados de Atocha*, Utopía, Córdoba, 2017.

desde el Gobierno. Por su parte, el presidente se comprometió a legalizar al PCE[9].

El PCE no podía tolerar que se llevasen a cabo elecciones generales estando excluidos de la convocatoria. Eso entrañaba un problema para el Gobierno porque los comunistas podían desestabilizar el proceso de transición, pero también lo era para el partido porque si quedaban fuera de los primeros comicios, posteriormente sería más complicado abrirse un espacio propio.

> No presentarse a estas elecciones o presentarse en candidaturas encubiertas dejaría su espacio electoral a merced del PSOE, con la dificultad que luego supondría recuperarlo[10].

Para impedir esa situación desplegaron una intensa campaña y abrieron múltiples frentes de presión, que pasaron por legitimar la legalidad del próximo Gobierno siempre y cuando se hubieran legalizado todos los partidos. El compromiso del PCE era cierto en este punto, y así se dijo en el mitin en Tenerife, aunque tal objetivo no se cumplió, porque muchos partidos de la extrema izquierda no fueron legalizados. Además, se arguyó que la democracia española debía ho-

---

[9] Morán.

[10] Andrade, J.: "El PCE en la transición, 1975-1982", en Erice, F. (dir.): *Un siglo de comunismo en España I*, Akal, Madrid, 2021, p. 267.

mologarse a la francesa o la italiana, en donde los partidos comunistas tenían una amplia representación; por último, en las negociaciones entre Carrillo y Suárez el primero se comprometía a contribuir en la estabilización del país, usando para ello su fuerza y prestigio[11].

Tras la reunión del plenario del PCE en Roma en julio de 1976, acogida con todos los honores por el PCI, y, posteriormente, con la matanza de Atocha, Suárez tomó la decisión de entrevistarse con Carrillo para abordar el asunto de la legalización del partido. En la reunión de Roma toda la dirección clandestina salió a la luz pública. Fue una manera de forzar la imposibilidad de una marcha atrás. El PCE se preparaba para dar una batalla que sirviese para frenar el impulso hacia la reforma que Suárez quería llevar adelante tras aprobarla en referéndum. En Italia se escenificaba una dirección política que echaba un último pulso a un proceso de reforma que no estuviese hegemonizado por el Gobierno. La huelga convocada para el 12 de noviembre sería el intento final en esa línea. El paro triunfó en las grandes ciudades y entre el proletariado organizado, pero su impacto fue muy menor en términos generales, lo cual venía a interpretarse como una debilidad relativa del PCE ante una

---

[11] Andrade.

fortaleza relativa del Estado. En cualquier caso, la interpretación que se ha hecho posteriormente es que existía una correlación de fuerzas caracterizada por un equilibrio de debilidades[12]. Análisis con el que no estoy de acuerdo. El Estado tenía herramientas infinitamente más poderosas que la oposición para imponer sus puntos de vista en cada momento crucial del proceso. La lectura positiva que hizo el PCE es que la huelga del día 12 había conseguido paralizar a dos millones y medio de obreros.

En el referéndum para la reforma política la participación alcanzó al 78% de los electores, de los cuales el 94% validaron el proyecto de Suárez. La abstención reclamada por los comunistas fue del 22%. El pulso entre Carrillo y Suárez (huelga versus referéndum) lo ganó el último.

No obstante, el PCE también analizó en clave de avance la convocatoria del referéndum y su aprobación por amplia mayoría. El partido, lógicamente, tenía que oponerse al referéndum en los términos en que se había llevado a cabo. Pero, por otra parte, valoró que el búnker, que solo obtuvo el 2% de los votos, pidiendo el *no*, había quedado derrotado del todo. Además, se estimó que la ley abría la posibilidad a una democracia de mayor

---

[12] Treglia, E.: *Fuera de las catacumbas. La política del PCE y el movimiento obrero*, Eneida, Madrid, 2012.

alcance, porque significaba un principio de ruptura con el franquismo[13]. Con la aprobación de la ley el Gobierno había arrebatado la iniciativa a la oposición y, en concreto, al PCE. Con el búnker seriamente golpeado y con el Gobierno reformista en posición de fuerza, el partido pensaba que no había razón para no ser legalizado.

La otra cuestión que se tenía que dirimir en el seno del partido era la propuesta del eurocomunismo. Esta estrategia significaba un nuevo camino hacia la asunción de la democracia, y una posición crítica con respecto a la URSS, buscando los nuevos referentes internacionales entre los partidos comunistas de Italia y Francia. Y el partido, ciertamente, modificó muchos de sus puntos de vista, sobre todo los referidos a la política de puertas hacia fuera, pero no así de puertas hacia dentro. El eurocomunismo era la oportunidad de convertir al PCE en un artilugio poderoso, como habían hecho los italianos, aunque hubiera estado por ver si la dirección del partido asumía la democracia interna en los términos en que la planteaba para la sociedad. Era necesaria una reforma del mecanismo interno, abandonando el centralismo democrático y dando menos poder al

---

[13] González de Andrés, E.: *¿Reforma o ruptura? Una aproximación crítica a las políticas del Partido Comunista de España entre 1973 y 1977. Programa, discurso y acción sociopolítica*, El Viejo Topo, Barcelona, 2017.

secretario político y al politburó. Abandonaron el leninismo, pero no uno de sus principios más sólidos: el centralismo democrático.

> No sólo seguía estando en la base de la organización, sino que se hizo más rígido a medida que aumentaban las voces discordes[14].

Según Manuel Azcárate, en el IX Congreso, celebrado en 1978, los votos que apoyaban las propuestas eurocomunistas rondaban el 30% de los delegados, mientras los que apoyaban las posiciones del secretario general eran el grueso de los compromisarios, lo cual fue entendido como un apoyo tácito a Carrillo por encima del eurocomunismo[15]. Esta argumentación era difícil de encajar con el hecho de que había sido el propio Carrillo la figura más relevante del eurocomunismo en el PCE. Quizá Azcárate hubiera estado más acertado diciendo que se podía ser renovador de cara al exterior, pero mantener el hilo estalinista de puertas adentro, señalando de esta forma las contradicciones que permanecían en el seno de la dirección del partido.

---

[14] Donofrio, A.: *Érase una vez el eurocomunismo. Las razones de un fracaso*, Tecnos, Madrid, 2018, p. 409.

[15] Azcárate, M.: *Derrotas y esperanzas. La república, la guerra civil y la resistencia*, Tusquets, Barcelona, 1994.

2.2- El debate ideológico y estratégico en el comunismo español

El eurocomunismo suscitó muchas desconfianzas entre los comunistas, y también en las fuerzas de la derecha, las cuales no se creían el nuevo discurso del PCE y lo explicaban como una maniobra táctica para acceder al poder. La derecha pensaba que una vez logrado el objetivo se desvelaría nuevamente la naturaleza estalinista que el PCE mantenía escondida.

Como es bien sabido, el impulso de las ideas del eurocomunismo fue el resultado de los acuerdos alcanzados por los partidos de Italia, España y Francia en 1973, cuando sus dirigentes Berlinguer, Carrillo y Marchais comenzaron a hablar de las vías nacionales al socialismo. Los italianos, inmersos en la estrategia del compromiso histórico, planteaban la necesidad de ir hacia una democracia avanzada ampliando las alianzas del proletariado hacia las otras clases populares para aislar a la burguesía monopolista[16]. En España el PCE lo definió como la alianza entre las fuerzas del trabajo y la cultura, propuesta que formaba parte de los análisis del partido desde mitad de los años sesenta.

---

[16] VV. AA.: *Historia general del socialismo. De 1945 a nuestros días*, tomo I, Destino libro, Barcelona, 1986.

La evolución del pensamiento comunista en Europa occidental fue perfilando nuevas estrategias, aunque en cada país tratase de dar respuestas diferentes por las distintas necesidades a las que se enfrentaban.

Para el caso español, el libro *Eurocomunismo y Estado*, de Santiago Carrillo, marcó la línea central del partido. El eurocomunismo buscaba una legitimación histórica para explicarles a sus bases la coherencia de ese nuevo pensamiento. No era un invento sacado de la manga, sino que, por el contrario, encontraba su justificación en los tempranos frentes populares de 1935. El contexto de los años treinta era bien diferente en Europa, pero en España la situación que se vivía aún en los setenta tenía una línea directa con aquellas décadas. La dictadura implantada en 1939 seguía en pie. Ahora era posible volver a plantear la cuestión de un frente amplio con todas las fuerzas antifascistas que permitiese instaurar una república parlamentaria. El eurocomunismo quería ensanchar las bases hacia el socialismo y hacerlo por las vías parlamentarias. La democracia en todos los niveles era básica para alcanzar tal logro y no solo en los eslabones del poder político en el Estado, sino también con el control democrático y la participación de los trabajadores en los órganos de dirección de las empresas, como por otra parte sucedía en algunos países europeos[17].

Este planteamiento no negaba el papel de la violencia como medio revolucionario para romper la resistencia de las clases dominantes en la transición del capitalismo al socialismo, pero consideraba que esta solo podría ser la contestación a la violencia engendrada por la contrarrevolución. Por eso, el eurocomunismo aprobaba la acción del partido bolchevique, del chino y de los otros que tomaron el poder por la vía armada. Pero, y esto era lo novedoso, lo que se alejaba de una repetición mimética de la experiencia soviética y de las otras es que aquellos procesos respondían a las condiciones concretas en que tuvieron lugar esas revoluciones, las cuales exigían el uso de la vía armada para poder derrotar al enemigo de clase.

La Europa en que se desarrolló el pensamiento eurocomunista se enfrentó a situaciones distintas, y las transiciones al socialismo tendrán sus propias formas. Sin negar el papel que pudiese desempeñar la violencia, se relegaba a un segundo plano, porque las "condiciones concretas" permiten trabajar en la dirección hacia el socialismo utilizando los cauces que la democracia

---

[17] Carrillo, S.: *Eurocomunismo y Estado*, Crítica, Barcelona, 1977, pp. 156-157.

burguesa no ha tenido más remedio que abrir, gracias a la presión ejercida por las masas, y también a raíz de los ejemplos revolucionarios en los diferentes puntos del planeta.

El PCI expuso las líneas claves durante la conferencia de partidos comunistas celebrada en Berlín en junio de 1976. En su intervención, Berlinguer señaló que los partidos comunistas debían abandonar sus métodos anticuados, en referencia a las injerencias que desde el PCUS se hacían contra la independencia de los partidos comunistas. Los partidos debían respetar la plena independencia de cada organización, y no se debía

> condicionar ni siquiera indirectamente la plena independencia de cada partido en su línea interna e internacional y en su postura política y teórica[18].

El dirigente italiano situó al eurocomunismo como una posición intermedia entre la socialdemocracia, que a pesar de haber logrado grandes conquistas no había superado el capitalismo, y los países socialistas en los cuales el modelo de socialismo

> no responde a las condiciones y orientaciones peculiares de las amplias masas obreras y populares de los países occidentales[19].

---

[18] Belotti, M.: *Berlinguer y Europa, o los orígenes del socialismo en libertad*, Icaria/Antrazyt, Barcelona, 2023, p. 210.

El eurocomunismo era definido entonces por Berlinguer como la defensa y conquista de la democracia y de las libertades colectivas e individuales. Para eso era necesario que la democracia funcionara como un espacio pluripartidista en todas las instancias del Estado, desde el Gobierno central hasta los poderes locales, respetando todas las libertades civiles, políticas, culturales y científicas. En la esfera de la economía el eurocomunismo abogaba por una economía mixta que aunase la necesaria planificación económica con el respeto a la iniciativa privada. Ello requería la búsqueda de acuerdos en múltiples niveles y con distintos actores como los socialistas, los cristianos, los socialdemócratas y con quienes buscaran el progreso social. El PCI tenía que ser un partido de masas para poder llevar a cabo esa tarea. Debía centrar sus esfuerzos en extender la democracia y colocarse como fuerza de gobierno, para pasar a la acción y no quedarse en la mera propaganda.

Esta idea expuesta por Berlinguer venía a remarcar la naturaleza del proyecto que había salido a la luz tras un mitin junto con Marchais, secretario general de PCF, en Bolonia en mayo de 1973. No obstante, hay que señalar que el eurocomunismo en el PCF tuvo menos éxito que en el PCI. Los franceses estaban más encerrados en su

---

[19] *Ibid.*, p. 214.

política hacia dentro, la nacional, compitiendo con la herencia gaullista, y tuvieron problemas para denunciar plenamente el colonialismo en incluso su ascendencia prosoviética[20]. Fue una versión a la francesa "profundamente ambivalente"[21]. Aunque en la declaración conjunta del PCF y el PCI de 1975 en el transcurso de unas conversaciones que se desarrollaron en París y en Roma, no quedó ninguna duda sobre la defensa del eurocomunismo que ambos líderes llevaron a cabo. En dicha declaración hay una crítica nada velada al socialismo real de la URSS y de la Europa oriental, cuando remarcan la idea de que

> todas las libertades, fruto tanto de las grandes revoluciones democrático-burguesas como de las grandes luchas populares de este siglo, que han tenido a la clase obrera a la cabeza, deben garantizarse y desarrollarse. Es el caso de la libertad de pensamiento y de expresión, la libertad de prensa, la libertad de reunión y de asociación, la libertad de la circulación de las personas en cada país y en el extranjero, la inviolabilidad de la vida privada, las libertades religiosas y la total libertad de expresión de las corrientes y de todas las opiniones filosóficas, culturales y artísticas[22],

nada de lo cual existía en la URSS y en sus satélites.

---

[20] *Ibid.*, p. 26.
[21] *Ibid.*, p. 12.
[22] *Ibid.*, p. 192.

El filósofo francés Étienne Balibar sitúa la inspiración eurocomunista en Checoslovaquia durante la Primavera de Praga. En cualquier caso, existía la necesidad de buscar respuestas dentro de los partidos comunistas a lo que se veía como una parálisis que atenazaba la reforma que la tradición comunista necesitaba. Balibar asume que buena parte de la crítica de izquierda al PCF, vista al paso de los años, era errónea y que, analizando aquella época desde el tiempo transcurrido, había mucha exageración en las críticas que él, Althusser y otros hicieron a las posiciones del PCF. Además, reconoce que en el fondo asumía muchos de los postulados de los eurocomunistas.

> No debo ocultar que, en los debates de la época, me encontraba más bien en el "bando" de los opositores al eurocomunismo y, por tanto, estaba inclinado a exagerar las objeciones que se podían hacer, aunque en el fondo compartiera muchas de sus motivaciones en incluso de sus objetivos[23].

El eurocomunismo fue una revisión profunda de algunos elementos centrales del comunismo histórico. La defensa del modelo de democracia parlamentaria como vía hacia el socialismo fue interpretada desde los sectores críticos como un viraje hacia la socialdemocracia, así que los ana-

---

[23] *Ibid.*, p. 12.

temas de revisionistas y de reformistas cayeron sobre él.

Los sectores que defendían la ortodoxia y lo que luego se convino en llamar la extrema izquierda fueron muy beligerantes contra esa nueva estrategia. No obstante, en la historia del comunismo se pueden encontrar cambios de posturas muy profundos a lo largo del tiempo. El propio Lenin revisó ampliamente la tradición marxista cuando introdujo la idea del partido de revolucionarios profesionales, así como al impulsar la aventura de la revolución en Rusia, que era a la postre una revolución contra *El capital* (el famoso libro de Marx), al decir de Gramsci. Más tarde la NEP, nueva política económica, fue una revisión de la política de comunismo de guerra, aplicada entre 1918 y 1921. La revisión, por tanto, formaba parte de la tradición comunista a menos que se quisiera convertir el comunismo en una verdad revelada al estilo de las religiones y, por lo tanto, la verdad estaba establecida desde el principio y hasta el final. Mucho de eso hubo en el comunismo, no puede negarse, pero también en la propia esencia del marxismo encontramos la preocupación por el análisis concreto para cada situación histórica, lo que ya entrañaba el hecho de que la revisión debía de ser una forma común de operar.

Cierto que con la estrategia del eurocomunismo los críticos podían jugar fácilmente la baza de identificar esa postura con la socialdemocracia.

Decían que el eurocomunismo iba a transformarse en un gestor del capitalismo, tal y como entendían que ya hacían los partidos socialdemócratas. Nunca podremos saber si aquello hubiera terminado así o no, porque los comunistas finalmente no accedieron a los gobiernos en la Europa occidental, pero en los planteamientos teóricos lo que se avanzaba era que, a diferencia de los socialdemócratas, los eurocomunistas querían superar la sociedad capitalista, planteando una alternativa desde el Gobierno y el Estado al modelo de capitalismo monopolista de Estado de aquel entonces. Los eurocomunistas, a diferencia de los socialdemócratas, los cuales, sí estaban en funciones de gobierno en Europa, se mantenían empeñados en la superación del sistema capitalista en la esfera global. Seguían apegados a la idea de la revolución mundial, pero llevada a cabo por otra vía.

También en la dirección del PCUS de la URSS se sintieron en la necesidad de objetar duramente esta estrategia de los partidos de la Europa del sur. El diario de Anatoli Serguéievich Cherniáev fue traducido al inglés en mayo de 2017. Lo nombro porque es un documento relevante en el que podemos leer cuál era la postura del PCUS sobre el tema del eurocomunismo, dado que Cherniáev era miembro del comité central del partido y director adjunto del departamento de asuntos internacionales. El documento nos muestra el nivel

de decadencia en que se encontraba la URSS.
Pero lo que nos interesa aquí es señalar la dura
crítica que el PCUS hace a los partidos eurocomunistas, a los que vapulea sin contemplaciones.

> Todo el cuerpo activo del PCUS piensan que lo que
> está sucediendo en Francia, Italia y algunos otros
> partidos, desafortunadamente, es el revisionismo,
> un movimiento hacia la socialdemocracia. ¿Cuáles
> son las causas? Echa un vistazo más de cerca al li-
> derazgo en el PCF – quién es Kanapa. Un laico. Era
> periodista y de repente se convirtió en miembro
> del politburó [Jean Kanapa era el responsable de la
> política exterior del PCF]. De todos modos, no es
> francés. Lo mismo con Fiterman, que encabeza su
> ideología, no es un francés [Charles Fiterman, diri-
> gente sindical del PCF]. No sé sobre Marchais [...].
> Pero durante la guerra, cuando todo el mundo en-
> tró en la Resistencia, terminó en Alemania y traba-
> jó en una fábrica allí voluntariamente [...]. El PCF
> defendió naturalmente a su secretario general. Pe-
> ro el hecho sigue siendo [...]. Tal vez fue reclutado
> de nuevo en esos días.

Las prácticas de la difamación estalinista dentro del PCUS seguían operando como táctica política para destruir a los rivales. Más adelante le
tocó a Carrillo.

> O toma a Carrillo [...]. No está claro quién es. No
> estuvo en el país durante 30 años. El PCF lo finan-
> ció [...] con el dinero que les dimos. Ahora es el jefe
> antisoviético en el movimiento comunista [...]. Ca-
> rrillo realmente quiere entrar en la historia de Es-

paña como la "gran figura nacional" después de Franco y no le importa bajo qué bandera ideológica y política suceda.

Carrillo es

> el Kautsky de nuestro tiempo. Está tan en contra de la actual dirección del PCUS como Kautsky estaba contra Lenin.

También decía que el texto de *Eurocomunismo y Estado* era un refrito de ideas de Berlinguer y de Garaudy con algunas pocas ideas del propio Carrillo. El ensañamiento era serio contra el secretario general del PCE, mucho más que contra el italiano. Probablemente porque a los soviéticos les resultaba más asequible rodear y tumbar a Carrillo que al poderoso Berlinguer.

> Deberíamos encargarnos de que escriban artículos para España, no directamente contra Carrillo, pero que todos estuvieran contra él[24].

No cabe duda de que para los soviéticos el eurocomunismo era una herramienta contra la URSS, porque seguían anclados en la idea de los años veinte de que la URSS era la patria del socialismo y a su defensa debían plegarse todos los comunistas del mundo, en especial los de Europa.

---

[24] https://nsarchive.gwu.edu/briefing-book/russia-programs/2017-05-25/anatoly-s-chernyaev-diary-1977.

La inquina contra Carrillo no se quedó solo en los documentos internos, como podrían ser estas memorias citadas, sino que se hizo pública en revistas de la URSS. Mandel nos habla de una en la que se decía que el análisis de Carrillo respondía a los intereses del imperialismo. La crítica, publicada en *Tiempos Nuevos*, estaba cargada de "falsificaciones y calumnias", en la mejor tradición del PCUS. Decía que la maniobra carrillista, de acuerdo con el imperialismo occidental, trataba de aislar a los países de Europa occidental de los de la Europa oriental. Acusaron a Carrillo de ser partidario de la entrada de España en la OTAN, lo que a todas luces era falso. También decía que la intención era preparar la guerra contra la URSS y sus satélites. La verdad es que el nivel de delirio del partido de Brézhnev mantenía todo el argumentario reaccionario del partido estalinista.

El inconsciente de Cherniáev nos da algunas pistas de sus temores y de cómo se manejaban los miedos en la cúpula del PCUS. La humillación, la depravación y el alcoholismo están presentes en el sueño que nos relata en sus memorias en la noche anterior al XVI Congreso de los Sindicatos, el 22 de marzo de 1977. Su miedo a ser señalado con las consecuencias pertinentes que ese tipo de señalamiento tenía en la URSS salta a la vista:

> Brezhnev aparece. Tiene un hijo en sus brazos, una chica de apariencia claramente judía. Al lado de él hay una mujer, es delgada y poco atractiva, se pa-

rece a uno de mis conocidos. Lleva un traje blanco. Está alegre bromeando con la gente que lo rodea. La multitud está susurrando si irá a los baños o a la cancha. Parece que gira a la derecha hacia la piscina. Pero un minuto después estaba en la plataforma de nuevo, esta vez en pantalones de pijama y una camisa sin mangas [...]. De repente Brezhnev saca su polla grande y semi erecta y comienza a mear. Mea en la multitud, en lugar de en el suelo debajo de él. De alguna manera, la gente cercana a él se hace a un lado y el chorro está dirigido hacia mí. A pesar de que estoy a unos 15 metros de distancia y ahora, por alguna razón, en la esquina de algún pasillo, el chorro casi me alcanza, puedo ver que no está meando sobre mí "personalmente" [...] recuerdo que nunca se vuelve hacia mí cuando estoy hablando, incluso cuando me dirijo a él directamente. Sin embargo, no sé qué hacer. Todo el mundo me está mirando, dudo, ¿sería inapropiado o insultante para él si me agacho para evitar su chorro? Finalmente trato de alejarme.

No haría falta citar a Freud para ver en este sueño el temor en el inconsciente que operaba en el seno de la burocracia soviética, incluso en sus eslabones más altos. Este destacado miembro de la dirección soviética mutó posteriormente a una relevante figura partidaria de la perestroika. El cinismo formaba parte fundamental de unos dirigentes descreídos de lo profesaban, al que le mantenían obediencia solo para garantizar sus posiciones de privilegio. Los jefes soviéticos de la era de Brézhnev eran unos cínicos redomados que llevaban una doble vida de austeridad aparente pero de

> miseria sicológica [...] y abultada agenda sexual compensatoria [...] que alcanzaba al propio entorno del líder supremo, con un hijo alcoholizado y una hija de vida alegre repleta de abultados escándalos. El propio Brezhnev se hizo una cierta fama de ardiente amante entre las camareras de la residencia de caza de Zavidovo, donde acudía regularmente a matar osos conduciendo los coches de lujo occidentales que eran su pasión[25].

El encono contra Carrillo tenía que ver, especialmente, con las críticas que había hecho al modelo soviético, al que acusaba de burocrático y antidemocrático, ahondando en la reprobación de un sistema que por otra parte ya era evidente para todo el mundo en Europa occidental, y era la razón de que el socialismo soviético no generase ningún atractivo en las clases obreras de la Europa capitalista. Y la falsificación de la postura de Carrillo era doblemente falsa, por cuanto Carrillo no era partidario de la OTAN, sino de un sistema europeo autónomo tanto de los norteamericanos como de los soviéticos, y, sin embargo, los partidos comunistas de Francia e Italia estaban conformes con que sus países estuvieran en la OTAN

---

[25] Poch-de-Feliu, Rafael: *La gran transición. Rusia, 1985-2002*, Crítica, Barcelona, p. 20.

y para ellos no hubo calumnias ni ataques como los recibidos por el PCE. ¿Cómo pretendía el PCUS que el PCE abogara por la entrada en el Pacto de Varsovia y el COMECON, si ambas instancias eran repudiadas por las clases obreras occidentales? El descrédito moscovita era evidente, y se puso de manifiesto cuando unos años más tarde la perestroika dio la oportunidad a los soviéticos de manifestarse al respecto. Según Mandel, opinión que comparto plenamente:

> La mayor preocupación del Kremlin no es pues la estrategia eurocomunista. Es la denigración del sistema de poder vigente en la URSS y en las democracias populares en el libro de Santiago Carrillo[26].

La maniobra del PCUS en su lucha contra las posiciones de Carrillo consistía en tratar de dividir a la dirección del PCE, azuzando las diferencias entre la dirección carrillista y los elementos nostálgicos del estalinismo, dentro de la propia dirección, como era el caso de Dolores Ibárruri. Los intentos soviéticos de dividir al PCE tenían una historia que se había saldado con un fracaso evidente cuando Enrique Líster, escindido del PCE, fundó en 1973 el Partido Comunista Obrero Español, por sus desavenencias en torno al eurocomunismo. Además, los soviéticos esperaban

---

[26] Mandel, p. 105.

que el PCI y el PCF llamaran al orden al PCE,
cosa que no ocurrió. El resumen que nos da
Mandel es que las desavenencias entre el Kremlin
y el eurocomunismo no hay que buscarlas en razones de orden estratégico o ideológico, sino que
fueron motivadas por las críticas abiertas que
Carrillo lanzó contra la URSS en su libro *Eurocomunismo y Estado*.

El nivel de distanciamiento entre el PCE y la
URSS, o si se prefiere entre Carrillo y el PCUS,
llevó a los soviéticos a cortar las vías de financia-
ción del partido español desde marzo de 1976. A
partir de ese mes,

> conforme a la decisión número P-I/84 del Politbu-
> ró, fechada el 16 de marzo, se indicaba al KGB que
> realizara futuros pagos a Ignacio Gallego, cuyo
> nombre en clave era KOBO, el miembro más pro-
> soviético que quedaba en el Comité Ejecutivo. Des-
> de entonces será la principal fuente del KGB den-
> tro del PCE[27].

A diferencia del comunismo clásico, los eurocomunistas defendieron el sistema democrático
para la forma socialista de Estado. Consideraron
que en los países capitalistas era una vía válida, y
valoraron la función del parlamento como depo-
sitario de la soberanía popular, así como la existencia de otros partidos que compitiesen por el

---

[27] Preston, P., *ibid.*, p. 304.

acceso al gobierno. Para los eurocomunistas, como también para Engels, la república democrática es la forma específica en que la clase obrera debe llevar a cabo la revolución, tal y como enseñó la Revolución francesa[28]. En el VIII Congreso, de 1972, se planteó como una orientación de naturaleza leninista el "hecho de respetar los derechos formales de los componentes de las clases derrotadas". El partido decía que lo que en la jerga marxista-leninista era la dictadura del proletariado no podía entenderse como la dictadura de un partido y mucho menos de una persona, en todo caso

> esa dictadura ya no puede concebirse sólo como el poder de los obreros que producen con sus manos, sino el poder de todos los trabajadores, incluidas las fuerzas de la cultura, que tienen un papel directo en la producción moderna y chocan con las estructuras capitalistas[29].

En esas nuevas condiciones abiertas por el propio desarrollo de las fuerzas productivas la democracia socialista tenía que incorporar el pluralismo junto con formas de democracia directa en los ámbitos de la producción.

---

[28] Marx y Engels: *El libro rojo y negro*, Júcar, Madrid, 1976, p. 63.

[29] VIII Congreso del PCE, 1972.

En la nueva estrategia, bien alejada ya del leninismo, se consideraba que el parlamentarismo no debía ser considerado como una táctica, o meramente como una tribuna desde la que denunciar al capitalismo haciendo acusaciones genéricas contra los gobiernos burgueses. Berlinguer consideraba que el parlamento era una institución a la que habían podido acceder los comunistas y los representantes del movimiento obrero tras arduas y prolongadas luchas políticas y sociales. Y en esa institución se proponían textos legislativos que influían en la orientación de las políticas a nivel nacional. El parlamentarismo no era considerado como una mera charlatanería, sino que debía convertirse en el reflejo plural del país.

> La iniciativa parlamentaria de los partidos del movimiento obrero está ligada a las luchas de las masas, al crecimiento de un poder democrático en la sociedad y a la consolidación de los principios democráticos y constitucionales en todos los sectores y organismos de la vida del Estado[30].

La lucha por la conquista de las instituciones nacionales o regionales, políticas o judiciales está atravesada por el interés de defender la república y su constitución, el sufragio universal, el voto de las mujeres y una amplia y profunda defensa de

---

[30] Berlinguer, E.: *La cuestión comunista*, Fontamara, Barcelona, 1977, p. 150.

conquista de derechos económicos y sociales. El parlamentarismo se ha ejercido para mantener la

> legalidad democrática [...] para renovar profundamente, en sentido democrático, las leyes, los ordenamientos, las estructuras y los aparatos del Estado[31].

Las luchas en el interior de las instituciones republicanas los comunistas las dirigen para democratizar la judicatura, la policía y demás aparatos; por eso, para el PCI de aquel entonces, era tan importante la defensa de las vías parlamentarias al socialismo, una de las ideas centrales del eurocomunismo.

Este cambio radical de estrategia tenía que conllevar la manera de entender al partido. Los comunistas de la Europa occidental no podían seguir rigiéndose por el centralismo leninista. El leninismo debía ser abandonado. El leninismo, que, en esencia, había sido desde sus orígenes mero estalinismo, es decir, la negación de cualquier tipo de democracia en el interior del partido. Esto era más fácil proclamarlo que llevarlo a la práctica, porque al menos en los casos de los partidos comunistas de España y Francia las direcciones permanecieron fielmente estalinistas en cuanto a la administración de la vida interna de la organi-

---

[31] Ibid.

zación. Pero aquí, dando por bueno el planteamiento teórico, sin entrar a valorar la contradicción entre la teoría y la práctica, los eurocomunistas señalaron que el cambio de paradigma en el partido tendría que llevarlo a desempeñar un papel dirigente pero no dominante[32].

Ganarse el papel de organización dirigente tenía que descansar en la capacidad de trabajo de los militantes y los dirigentes del partido. Se hacía un llamamiento a la homogeneidad y la disciplina, que era muy difícil de diferenciar de las viejas prácticas estalinistas, sobre todo porque permanecían las mismas personas en la dirección. ¿Cómo interpretar que la disciplina y la homogeneidad no fuera mero estalinismo, cuando era el mismo secretario general el que apelaba a las nuevas formas? No cabe duda de que era muy legítimo que se abriese ese tipo de interrogantes.

En la sociedad el partido debía aspirar a la dirigencia compitiendo con otros partidos de izquierda o de derecha. Se abría el terreno a la conquista de la hegemonía. De alguna manera Gramsci aparecía como una referencia central para los eurocomunistas, en detrimento de los teóricos rusos, que habían dominado el comunismo internacional desde sus orígenes hasta los

---

[32] Carrillo, S.: *Nuevos enfoques a problemas de hoy*, Editions sociales, París, 1967, p. 180.

años sesenta en exclusividad, y tras esa década en competencia con los chinos. Esa batalla por la hegemonía no conllevaría ningún trato especial, por medio de ninguna formalidad emanada del Gobierno y el Estado, cuando el partido ejerciera el poder. El apoyo de masas había que ganárselo con el trabajo político.

La nueva concepción del partido quedó sancionada en 1972 durante el VIII Congreso, aunque ya antes, en 1967, Santiago Carrillo había perfilado las líneas maestras de lo que se convino en denominar un partido de masas. Esta era la manera de penetrar en el seno de la sociedad, extendiéndose entre distintos sectores sociales que de otra forma no iban a sentirse seducidos por las políticas partidarias comunistas. El partido tenía que dejar atrás la concepción dominante consolidada en la clandestinidad, para saber combinar distintas modalidades de militancia, aunque aún en el marco de la ilegalidad. Pero estas nuevas formas y líneas de trabajo en los distintos ámbitos sociales debían modularse en función de los compromisos concretos de los nuevos militantes. No podían ser todos abnegados y sufridos clandestinos. La nueva táctica entrañaba "las convergencias más amplias en el pacto por la libertad", y la alianza de las fuerzas del trabajo y la cultura como piedra angular del proyecto.

Esto tenía el sentido de responder a las inquietudes y los intereses de amplias masas de la población, y el logro de esto dependía de una política que buscase la alianza entre la clase obrera y el resto de las clases populares, incluyendo a la pequeña y mediana burguesía, para hacerle frente al capital monopolista y a la oligarquía financiera.

El PCE tenía que atreverse a explorar el acercamiento a los sectores de cristianos progresistas, con los que compartía muchos elementos de avances para la superación de la dictadura. Antes que en el VIII Congreso, Carrillo lo había formulado de la siguiente manera:

> La unión del pueblo, la alianza de las fuerzas del trabajo y la cultura no puede hacerse en España excluyendo a los trabajadores y a los intelectuales progresistas. De lo dicho se deduce que nosotros concebimos para la colaboración de católicos, comunistas y otras fuerzas democráticas un terreno preferencial[33].

2.3- Democracia y socialismo

La apertura eurocomunista hacia distintos sectores del pueblo y su crítica al concepto de dictadura del proletariado fue un elemento disruptivo muy importante en el seno de la tradición comunista, pero tampoco sirvió para acercar a las masas no comunistas al partido. En el caso ita-

---

[33] *Ibid.*, p. 126.

liano la experiencia fue otra, y los comunistas pudieron desempeñar un rol principal entre los sectores populares, pero en el caso español la experiencia no tuvo el alcance esperado y, por el contrario, fue un elemento usado para justificar escisiones y rupturas desde pretendidas lecturas fieles a la doctrina del marxismo-leninismo, algunas de las cuales no eran sino simple y llanamente reivindicación del estalinismo. En otros casos no, y se buscaba una recreación de elementos inspirados lejanamente en el legado ácrata en conjunción con el comunismo.

El PCE reconoció abiertamente que el estalinismo, y lo que se había considerado como dictadura del proletariado, no había sido más que una degeneración de este, producto de la situación concreta en que se desarrollaron los intentos de construcción del socialismo: "lo reemplazábamos por concepciones que no eran de Lenin sino de Stalin"[34]. Aquella historia estaba tan prostituida que era realmente difícil discernir claramente lo que eran posiciones de Lenin de las que eran de Stalin, porque, al fin y al cabo, el marxismo-leninismo había sido una invención del propio Stalin, ya muy criticada desde sus comienzos. El marxismo-leninismo había sido la invención de una nueva iglesia. Y los dogmas eclesiásticos son

---

[34] *Ibid.*, p. 141.

muy difíciles de combatir cuando entran a formar parte de un sentido común compartido.

Este carácter metafísico de ciertos componentes del comunismo hacía posible la abnegación en la lucha a la vez que el castigo de los heterodoxos. La generosidad de los comunistas en cuanto a entregar su vida en pos de la revolución tenía la contrapartida de silenciar y reprimir las voces que no procediesen de la jerarquía. Esta estructura de comportamiento se parecía mucho a las formas de actuar de la Iglesia romana. Julián Ariza, miembro relevante del PCE, lo describió en estos términos:

> teníamos un componente nacido de la represión, de la clandestinidad y de una cierta cultura, casi religioso. Así que convertías convicciones de matriz ideológica y política en poco menos que en ortodoxias y heterodoxias, en cuestiones de fe[35].

La tradición marxista siempre consideró que el tránsito del capitalismo al socialismo debía pasar por dos etapas, que entrañan dos formas diferentes de organización política. A la primera forma de Estado se la denominó socialismo y respondía a la máxima de "a cada cual según su trabajo", y la segunda, la etapa comunista, se identificaba con una sociedad donde a cada cual

---

[35] Navarra, A., *ibid.*, p. 97.

le correspondiese "según sus necesidades". La primera etapa debía tener como forma de Estado la dictadura del proletariado, y la segunda tendría que conllevar la desaparición de cualquier forma de Estado. Marx y Engels no habían sido más explícitos al respecto, hasta que al final de sus días el viejo Engels planteó la fórmula de la república democrática como la forma Estado, que señalamos anteriormente. Después, la Revolución rusa fue la que tuvo que afrontar en la práctica ese asunto con los resultados sobradamente conocidos.

> Los fenómenos de la burocratización nacen no sólo de la tradición del Estado zarista, sino de esta situación imprevista por los teóricos. Marx, Engels y el mismo Lenin habían imaginado la dictadura del proletariado como un poder en que la inmensa mayoría reprime a la ínfima minoría y en que la organización de una amplia democracia obrera es incluso la condición para ello[36].

Tratar de salvar el legado de Lenin era todavía conveniente, al menos desde el punto de vista del discurso, si no se quería caer en el desprestigio total en el seno de la familia comunista. No existía posibilidad alguna de cuestionar cuánto de Lenin había en Stalin, o si acaso era Lenin rescatable del abrumador peso que el estalinismo había deposi-

---

[36] Carrillo, S.: *Eurocomunismo…*, p. 206.

tado en sus espaldas. Stalin tuvo la habilidad de agenciarse el leninismo, de inventarlo.

> Cuando Lenin humano murió, nació el Lenin divino. Su vida privada fue nacionalizada. Se convirtió en una sagrada institución para consagrar el régimen estalinista[37].

Los eurocomunistas, aun alejándose de la URSS y del PCUS, no pudieron olvidar a Lenin, al que había que nombrar en cualquier tipo de operación que se pretendiera impulsar.

A los comunistas, incluidos los eurocomunistas, les resultaba muy difícil reconocer que el diagnóstico que hacían del modelo soviético estaba ya formulado con Lenin en vida y ejerciendo de jefe. La burocratización en nombre de la dictadura del proletariado y la sustitución de la democracia por la idea de Lenin del centralismo democrático fueron elementos claves para puentear a la clase obrera y al pueblo, los cuales nunca tuvieron ningún poder de decisión en el seno del partido y luego del Estado soviético. Sobre ambos aspectos ya se tenía suficiente información desde los años veinte, al menos entre los sectores ilustrados del comunismo. En aquella fecha temprana era justificable que muchos guardaran silencio

---

[37] Figes, O.: *La revolución rusa. La tragedia de un pueblo*, Taurus, Madrid, 2021, p. 978.

sobre la deriva autoritaria de la URSS, con la esperanza de que el sistema sería capaz de reformarse e impulsar una verdadera democracia socialista. Otros muchos que quisieron denunciarlo fueron asesinados por la policía soviética tanto en el interior del país como en el exterior. A este respecto son muy simbólicos los asesinatos en masa de los miembros del PCUS durante las purgas de los años treinta, y los asesinatos de Andreu Nin y de Trotski en el exterior, por nombrar a los dos más relevantes. Los años no reformaron el sistema soviético y la dictadura del partido duró hasta los días finales de la URSS.

Tras el XX Congreso del PCUS y el descubrimiento mundial de los crímenes de Stalin, y las maneras en que operaba el partido, la experiencia soviética dejó de tener atractivo para las masas comunistas en el mundo occidental. En los países de Europa occidental, el nivel de intervención de la clase obrera por medio de sus partidos y sus sindicatos era inmensamente superior al que podían gozar en la URSS. La apertura que proponía el eurocomunismo implicaba un salto cualitativo enorme dentro de la tradición comunista. Lo que planteaban los eurocomunistas era realmente revolucionario en el seno de la tradición comunista, y de ahí los virulentos ataques que recibieron desde posiciones marxista-leninistas. El PCE, en el proceso de deconstrucción de su propia tradición, dio un paso más allá y consideró que la degeneración de la dictadura del proletariado en la URSS, y en los otros países socialistas, era un freno para el desarrollo de una democracia socialista.

Así que los eurocomunistas enarbolaron la consigna del "socialismo en libertad", como forma de hacerles llegar a las masas que el PCE se movía desde entonces en lugares alejados de las querencias dictatoriales y que, ahora, consideraba que la característica de la forma de Estado de dictadura del proletariado no era la restricción de las libertades políticas, ni para la burguesía, ni mucho menos para la clase obrera y sus aliados, sino

> el paso de la propiedad capitalista a propiedad social; la transformación del Estado, de sus órganos y sus leyes, que asuman la tarea de realizar y defender la transformación socialista de la sociedad; la organización científica de la producción teniendo en cuenta el interés del pueblo[38].

Ciertamente, meter en ese discurso la idea de la "dictadura del proletariado" no era lo más apropiado. Dictadura sonaba muy mal, en todos lados, y más en un país que todavía vivía en una dictadura. El uso de lenguajes y jergas propios del interior de la tradición histórica del comunismo no era una buena estrategia para acercase a las masas.

---

[38] Carrillo, S.: *Nuevos enfoques...*, p. 165.

En España, el desgaste de la dictadura de manera paulatina y no su caída de forma abrupta, como había sucedido en los demás países europeos, motivó que todas las fuerzas tuviesen tiempo de irse redefiniendo y recomponiendo. Incluso, en el caso de los grupos de la oposición que no habían cumplido apenas alguna función en la lucha contra la dictadura, este paulatino desgaste facilitó su reaparición en escena en los últimos años[39]. Por otra parte, también el proceso favoreció que los comunistas y sus diversas estructuras civiles y sindicales pudiesen ir penetrando en las distintas instancias de la sociedad. Los comunistas necesitaban acelerar el proceso movilizando a las masas, mientras que la dictadura precisaba ralentizarlo para consolidarse en una situación de mayor fortaleza y poderlo capitanear. El tira y afloja en torno a esto se vio claramente con el retraso para la legalización del PCE de cara a las elecciones de junio de 1977. Si el rey y Suárez ya tenían claro que el partido iba a tener que legalizarse, lo que hicieron fue hacerlo lo más cercano posible a la convocatoria de las elecciones, para que se presentara en las peores condiciones posibles. Si a esto le sumamos que las primeras elecciones fueron condicionadas desde el poder con su televisión y sus medios de comunicación, y con sus agentes caci-

---

[39] Solé Tura, J., en el prólogo al libro de Berlinguer citado.

quiles en las pequeñas y medianas ciudades, se cumplía la doble función de legitimar el proceso con la presencia del PCE, pero a la vez obligarlo a presentarse con las manos atadas.

Los comunistas se enfrentaban a un nuevo desafío y a la vez querían dejar atrás las certezas que los habían conducido hasta aquí. Pero el modelo soviético ya se contemplaba como inservible. "El socialismo no puede ser el trasunto de modelos pasados"[40]. La Revolución de 1917 se veía ahora como la respuesta a una situación que en nada se parecía a la española de 1977, ni a la de los países europeos occidentales. Y tampoco el modelo socialdemócrata escandinavo de la Europa del norte, o del laborismo inglés, porque a pesar de reconocer los avances logrados por las socialdemocracias, no habían superado el capitalismo, sino que se habían concentrado en administrarlo. Así que la tarea de los eurocomunistas consistía en

> forjar un nuevo modelo de socialismo, en las condiciones concretas de nuestros países de capitalismo monopolista en crisis y en un mundo todavía dividido en bloques[41].

---

[40] *Ibid.*, p. 15.
[41] Ibid.

La defensa de la democracia fue remarcada de manera recurrente por los eurocomunistas, porque era el flanco débil de su tradición, o al menos de la parte más conocida de ella. El compromiso de los partidos comunistas tenía que despejar las lógicas dudas que podían despertar sus propuestas democráticas habida cuenta de que la URSS era contemplada sin ningún género de dudas como una dictadura de partido. La defensa del pluripartidismo y la reivindicación de la ampliación del campo de las libertades en todas las esferas comenzó a fraguarse en ese modelo de nueva izquierda que pretendía defender la propuesta eurocomunista.

Para que la nueva versión del comunismo fuera creíble, para que pudiese despejar las legítimas dudas que la clase obrera y las demás clases sociales albergaban sobre su sinceridad, en cuanto a que desde ahora estaban dispuestos a respetar y defender la democracia y la libertad, los comunistas necesitaban explicarse. Ser la expresión de la mayoría no podría trampearse o escudarse bajo los principios del centralismo democrático, como históricamente se había hecho, sino que el apoyo mayoritario del pueblo tendría que ganarse en un juego de libertades políticas. Esto implicaba que los comunistas tendrían que comprometerse a respetar los resultados electorales, aunque tuvieran que abandonar el Gobierno por ello. Si, llegado el caso, tras haber estado en el Gobierno, los comunistas perdiesen las elecciones y no estuviesen dispuestos a abandonar el poder, entonces no estaríamos en presencia de partidos eurocomunistas, porque estos nuevos partidos en la Europa occidental son partidos de masas y no de élites. Un partido de masas necesariamente se ve abocado a respetar las reglas de la democracia y del juego multipartidista, por la razón de que las propias dinámicas internas que genera un partido de esas características en cuanto a movilización de organismos no partidarios, sino sociales de apoyo al partido, se convierten ellas mismas en garantía de compromiso con la democracia.

> No es posible crear un gran partido comunista de masas en torno a un programa de socialismo en la democracia, con todo lo que ello comporta en el plano organizativo, y en el de la educación de los propios militantes, y convertirlo de golpe en algo opuesto por la simple voluntad de un equipo dirigente[42].

Esta idea fue posteriormente reafirmada en las memorias de Carrillo cuando se hizo repaso a la aparición del eurocomunismo. Era perentorio revertir la tradición histórica para que el partido no fuera tratado como un mero epígono del PCUS y de la URSS. Romper la inercia que estipulaba que un triunfo del comunismo anularía el

---

[42] Solé Tura, J., *op. cit.*, pp. 17-18.

juego democrático era urgente. La alternancia en el poder se convertía así en uno de los valores centrales del proyecto. La llegada al poder y la aplicación subsecuente de la dictadura del proletariado no sería a partir de aquí el objetivo de los comunistas. La democracia no sería una simple maniobra oportunista para alcanzar el poder, sino el verdadero sistema en el que el socialismo debía desarrollarse[43]. Para que esto pudiera ser llevado a cabo era una condición inexcusable que la unidad de los comunistas se antepusiera al sectarismo de los extremismos y de todas las corrientes que no respetando la unidad debilitaban el proyecto. La existencia de corrientes internas dentro del partido no debía, en ningún caso, terminar en escisiones.

Estos problemas no quedaron convenientemente resueltos. Quizá el poco tiempo de que dispusieron antes del final de su fortaleza en los años ochenta tuvo algo que ver. Una de las principales cuestiones que quedaron irresueltas era de qué manera podía solventarse la crítica de las experiencias socialistas, acusando a la URSS de ser autoritaria, pero a la vez salvaguardando su experiencia como momento clave en el ascenso de las luchas obreras por el socialismo. Defender a la URSS era a la vez justificar la dictadura

---

[43] Carrillo, S.: *Memorias...*

mientras se quería hacer una apuesta fuerte por la democracia que encarnaban los países occidentales. En los años setenta ya no era suficiente con hacer una crítica superficial al estalinismo. Era necesario

> comprender la evolución histórica y la aplicación práctica de los principios socialistas. Era necesario un análisis en profundidad más allá del estalinismo[44].

Para resumir, los puntos centrales que definieron al eurocomunismo y a la vez lo diferenciaron en el seno del comunismo internacional son tres: en primer lugar, existe un rechazo manifiesto de la tradición estalinista y se niega su validez para la construcción del socialismo en los países de la Europa occidental; en segundo lugar, se proclama partidario de la democracia parlamentaria, considerándola no solo como forma de transición hacia el socialismo, sino aceptable para la sociedad socialista; en tercer lugar, reconoce la necesidad de abrirse a otros proyectos transformadores diferentes del comunista, tales como los movimientos de cristianos progresistas, los socialistas, los socialdemócratas y otras tendencias presentes en el seno del pueblo.

---

[44] Donofrio: *Érase una vez...*, p. 408.

3- La crítica de izquierda en Canarias

El momento culminante del cuestionamiento de la línea oficial del PCE se produjo a consecuencia de las conclusiones elaboradas en el VIII Congreso del PCE, donde se sancionó la política eurocomunista del partido y se consumaron las distintas escisiones que dieron como resultado diferentes partidos comunistas en Canarias. Las principales, por su nivel de análisis y por la relevancia de la crítica que, posteriormente, tuvo consecuencias políticas importantes en las primeras citas electorales, fueron la Oposición de Izquierdas del PCE en Canarias (OPI); el Partido de Unificación Comunista en Canarias (PUCC), escisión a su vez de la Oposición de Izquierdas del PCE; el Partido Comunista Canario (provisional) PCC (p), que a su vez terminará escindido entre el Partido de la Revolución Canaria (PRC) y la Organización Comunista Canaria (OCC); y las Células Comunistas (CC), que con el tiempo se convertirán en el Partido Comunista del Pueblo Canario (PCPC), dentro de la organización estatal Partido Comunista de los Pueblos de España (PCPE), liderada por Ignacio Gallego.

La deriva de las escisiones se mantuvo como una tradición permanente en la izquierda de ascendencia comunista, pero con el tiempo se extendió a otras familias políticas sin ningún punto de contacto con el comunismo. Dos de los partidos comunistas escindidos recondujeron parte de su estrategia hacia posiciones de nacionalismo de izquierda autodeterminista, en consonancia con lo que había ocurrido en algunas nacionalidades del Estado, que experimentaban ascensos de las luchas nacionales de las que algunos comunistas deseaban formar parte. Escisiones comunistas del PCE y nuevas formaciones comunistas en el País Vasco, Cataluña y Galicia entraron en ese terreno. En Canarias fueron el PUCC, el PCC(p) y CC.

La Oposición de Izquierdas en Canarias se va a nutrir de los militantes más jóvenes del PCE. Es la militancia que entró a formar parte del partido comunista a partir de finales de los años sesenta. Radicalizaron sus posturas después de conocer las resoluciones del VIII Congreso, de 1972. Desde unos años antes se venían haciendo críticas a la política "derechista" del partido, sobre todo en lo que se refería a la línea trazada por Carrillo para la transición a la democracia, llamada "Pacto por la Libertad", que el partido trató de impulsar desde finales de los años sesenta, como ya se dijo anteriormente, no sin encontrar verdaderas dificultades para llevarlo adelante.

Más difícil se evidenció la posibilidad de articular una amplia alianza política antifranquista, tanto por la debilidad de las demás fuerzas opositoras como por la falta de voluntad unitaria de las mismas. Y ello pese a que la propuesta unitaria, siempre amplia y flexible, se fue ensanchando hasta dirigirse a sectores "democráticos" de la burguesía y "reformistas" del régimen. Tal apertura fue facilitada con el llamamiento al Pacto por la Libertad[45].

La oposición dentro del partido no se articuló hasta conocidas las resoluciones del congreso de 1972. La respuesta de amplios sectores de intelectuales a la nueva línea política propuesta por la dirección del PCE fue el abandono del partido, o en su defecto la resistencia interna, que en cualquier caso terminaba con la expulsión de los críticos. Esto había sido y seguía siendo una práctica común en el seno del PCE. Hubo siempre muy poco respeto y tolerancia contra las opiniones y sectores críticos. El eurocomunismo no tuvo tiempo de solventarlo, si es que acaso estaba entre sus preocupaciones hacerlo.

El Pacto por la Libertad

---

[45] https://pce.es/historia-del-pce/.

es el único instrumento político que puede determinar en nuestro país, con la conquista de las libertades, una nueva correlación de fuerzas favorables a la causa del Socialismo[46].

Era el momento oportuno para ampliar las alianzas aprovechando el interés general de la sociedad hacia las conquistas de las libertades democráticas. La estrategia del PCE consistía en ganarse los apoyos sociales mayoritarios, cambiar la correlación de fuerzas, y para eso creía necesario establecer la conquista de las libertades como el punto central de su llamamiento. El pacto era un ejercicio de realismo político denostado por los comunistas de izquierda. La dirección del PCE acusó a los "izquierdistas" de no haber comprendido que esa nueva táctica era muy importante para poder avanzar hacia el socialismo. Los grupos escindidos y las críticas a la línea del partido provenían, según el PCE, de obviar las diferencias que se planteaban en una táctica revolucionaria de clase cuando se confrontaba una dictadura fascista, en la que la táctica debía ser distinta a si se estuviese en una democracia. El camino al socialismo está plagado "de duros obstáculos y dificultades".

La actitud de los izquierdistas está motivada, a juicio de Carrillo, por la necesidad, derivada de la inexperiencia en la lucha revolucionaria, que

---

[46] VIII Congreso del PCE, 1972.

sienten estos grupos de diferenciarse, "de distinguirse de los demás grupos de oposición, de afirmar radicalmente su personalidad socialista". Los más antiguos del partido pasaron por esa etapa durante la II República y no veían ahora necesario repetir la experiencia.

La OPI argumentaba su diferenciación de la táctica del PCE en que entendían que el pacto no tenía en cuenta la ruta para el día después de la conquista de las libertades. Los izquierdistas estaban en posiciones maximalistas. También existía una discrepancia que no era de menor importancia, dado que afectaba a la forma organizativa de la que deberían dotarse los comunistas. La propuesta de la dirección del PCE implicaba construir un partido distinto. Impulsar el pacto por las libertades y atraerse a amplios sectores sociales conllevaba la creación de un partido de masas. La nueva militancia debía estar alejada de las prácticas de la clandestinidad y su participación tendría que ser de otra manera, menos profesionalizada y más elástica.

Este nuevo modelo de partido comunista no era bien visto por los sectores más radicalizados, y discreparon de la propuesta de que el partido de masas fuese abierto, con un criterio de selección mínimo, lo que conllevaría que tendiese a ser una máquina electoral incapacitada para llevar a cabo la revolución socialista. Las dos posturas eran consecuentes con sus proyectos estratégicos. Para los eurocomunistas ya no habría revolución socialista, sino lucha política y cultural en el camino hacia la hegemonía, llegada pacífica al Gobierno e impulso de transformaciones estructurales, mientras que para los izquierdistas la idea de la revolución seguía siendo el núcleo central de su pensamiento.

Estas discrepancias fundamentales daban sentido a la escisión y al nacimiento de la OPI, teniendo en cuenta que las diferencias eran estratégicas y no meramente tácticas. La oposición de izquierda tenía como objetivo la reconstitución de un PCE que fuera marxista-leninista alejado del reformismo del que acusaban a la dirección carrillista. Paralelamente, cuando se tomó conciencia de que la reconstitución del PCE era inviable a nivel del conjunto del Estado, se asumió la idea de impulsar un partido de ámbito canario, con un nuevo marco de análisis que incorporaba la cuestión nacional como uno de los ejes centrales. Se pensaba que era prioritaria la elaboración de un planteamiento político que tuviese más en cuenta las prioridades inmediatas del trabajo político revolucionario, en el marco de las contradicciones nacionales. A partir de ese momento (1974), la OPI pasa a denominarse Oposición de Izquierdas en Canarias. La profundización en la reflexión de la cuestión nacional canaria se hizo más incisiva y terminaría dando como resultado la fundación del Partido de Unificación Comunista en Canarias en el año 1976.

El proceso hacia la constitución de una organización independiente por parte de la OPI estuvo marcado también por las disputas internas. La izquierda entró en una deriva acelerada de prácticas sectarias en los años decisivos de la transición a la democracia, que favoreció que las fuerzas más centristas como el PSOE y otros partidos socialistas ocupasen la posición principal en un corto periodo de tiempo (1976-77). Las divergencias durante los primeros meses de vida de la OPI ya quedaron plasmadas en una hoja volante que decía:

> nuestra organización anuncia que pasará a utilizar la firma de Oposición de Izquierdas de Canarias con carácter totalmente provisional. En consecuencia, no nos responsabilizamos en absoluto de cualquier actividad, documento, declaración, toma de posición o compromiso adoptado bajo la denominación de Oposición de Izquierdas del PCE[47].

La ruptura fue explicada como parte del rechazo a las resoluciones del VIII Congreso, del cual surge la primera OPI, la que llevaba el nombre de OPI al PCE. Pero seguidamente se señala que en Canarias la OPI la constituyeron, además de las

---

[47] Oposición de Izquierda de Canarias, Canarias, 1 de diciembre de 1975 (Hoja volante).

personas que estaban en el PCE, otras muchas que procedían de fuera del partido; por lo tanto, la definición de Oposición de Izquierdas no implicaba la obligatoriedad de que se perteneciera al PCE para poder estar en la OPI. De ahí que la OPI canaria fuera, a todos los efectos, un movimiento independiente del PCE. Por otra parte, el recrudecimiento de la represión del Estado contra las formaciones políticas opositoras, junto con el distanciamiento geográfico de las islas con respecto a España, favorecieron el aislamiento de la OPI de Canarias de las del resto del Estado, lo que la obligó a dotarse de mecanismos propios que le permitiesen resguardarse de la represión y desempeñar su labor política de manera independiente.

Estas dos circunstancias colocaron a la organización ante la necesidad de elaborar una línea táctica y estratégica de acuerdo con las condiciones que la lucha de clases tomaba en las islas. Se abría así una clara y decisiva diferenciación con sus orígenes al incorporar de forma central la cuestión nacional en su política.

Esto no implicaba una ruptura con el resto de la OPI estatal, sino la apertura de un debate que abordase las nuevas necesidades a las que debían enfrentarse. Pero ya no habría vuelta atrás en cuanto a la necesidad de la creación de una organización comunista de base canaria.

La OPI pasó a definirse como una organización autónoma

tendente al marxismo-leninismo. Inscrita en la línea de reconstitución del Partido de la clase obrera, considerando, que la clase obrera de Canarias es un destacamento más del conjunto de la clase obrera del Estado y afirmando el principio de "a un solo Estado, un solo Partido". Como organización implantada en Canarias hace suyas las aspiraciones políticas, económicas y sociales de la clase obrera, el campesinado y el pueblo trabajador de las Islas,

y en ese ánimo de unificación y de suma de esfuerzos propuso la constitución de un "Frente Democrático Revolucionario", que tuviera como meta la destrucción del fascismo y del poder "oligárquico imperialista"[48].

Por lo general las escisiones entre la izquierda comunista se hacían siempre con la esperanza de unificación del espacio comunista y revolucionario, lo que no dejaba de ser una contradicción de envergadura. Prácticamente no se produjo nunca ninguna escisión cuyo deseo principal no fuera el de la unidad. La fragmentación del espacio comunista/eurocomunista a la postre conllevó importantes consecuencias históricas.

Para la extrema izquierda, la apertura democrática que se preveía desde 1974, y a la cual el PCE denominaba el Pacto por la Libertad, era considerada el resultado de un retroceso táctico

---

[48] Ibid.

de las clases dominantes, motivado por el ascenso de las luchas de clases, que estaba obligando a la oligarquía franquista a replantearse sus formas de dominación.

> La clase dominante de los grandes capitalistas comienza a comprender que no puede seguir rigiendo el país como hasta ahora [...]. Se trata simplemente de que la oligarquía comprende la necesidad de un retroceso táctico hoy, aunque trate de disfrazarlo de ofensiva, para afrontar el futuro en condiciones más estables, más sólidas[49].

El retroceso táctico lo explicaban como consecuencia de la ofensiva de las luchas obreras y por el hecho de que las clases dominantes se vieran en la necesidad de adaptar el capitalismo monopolista de Estado a las exigencias del capitalismo europeo e internacional, lo cual implicaba una apertura política en España. El fascismo parecía incapaz de estabilizar las instituciones ante esa nueva situación, fracturándose de esa manera el bloque de poder.

La verdad es que el análisis era del todo coincidente con el que hizo Carrillo en el VIII Congreso del PCE, cuando señaló que el desarrollo del capitalismo en España, vinculado al desarrollo del capitalismo europeo, lleva a la clase dominante a

---

[49] Oposición de Izquierdas del PCE en Canarias: Declaración, junio de 1974.

sentir la necesidad de desembarazarse de las estructuras que impedían un nuevo impulso al desarrollo del capitalismo en España.

> Superestructuras que son un grillete para su propio desenvolvimiento y una rémora para abrirse una vía más amplia de acceso al desarrollo capitalista mundial[50].

La OPI destacó otro factor más coyuntural, que funcionaba como razón para la nueva táctica que desplegó la clase dominante. Fue el atentado que acabó con la vida del presidente Carrero Blanco. El ataque de ETA demostró a la clase dominante que "las acciones armadas del pueblo" podían alcanzar a los centros de decisión y control del poder y, en esa medida, los obligó a un reagrupamiento para encontrar un programa político que pudiese superar el de la represión como instrumento exclusivo de la acción política del Estado. Desde esta perspectiva la violencia política habría sido un catalizador de importancia notable para obligar al franquismo a buscar nuevas formas de actuación. Esta tesis se mostró parcialmente cierta y el atentado imposibilitó un franquismo sin Franco, aunque no impidió que finalmente el Estado dirigiese el proceso de apertura.

---

[50] VIII Congreso del PCE, 1972.

> El atentado de Carrero contribuyó a hacer imposible una continuidad franquista, un franquismo sin Franco, pero no pudo fijar la dirección del proceso alternativo que acabó siendo el de la reforma[51].

Sin embargo, la ausencia de un programa político de reforma de las clases dominantes que sirviera para frenar el ascenso de las luchas populares desembocó en el fenómeno denominado "centrista". Esta vía fue abierta por un sector de la burguesía que aspiraba a realizar la apertura del régimen, para impulsarlo desde el capitalismo monopolista nacional hacia una posición de integración internacional, principalmente con los capitales euronorteamericanos. Integrarse en el Mercado Común Europeo, nombre con el que se conocía entonces a la UE, requería que en España se pusiese freno al ascenso vertiginoso de las luchas obreras y sociales. Este objetivo podría lograrse si se acometía un proceso de apertura controlado que implicase la negociación con los representantes de la clase obrera. Si el ascenso de las luchas había llevado a parte de los poderes del Estado y al capital a plantearse la necesidad de una reforma, el movimiento obrero no debía caer en la trampa que le querían tender, cuyo objetivo

---

[51] Rivera, A.: *20 diciembre 1973. El día en que ETA puso en jaque al régimen franquista*, Taurus, Madrid, 2021, p. 170.

claro era evitar que los cauces abiertos fueran aprovechados por la clase obrera,

> lo que requiere una doble política: por una parte, seleccionar e intensificar la represión; por otra, potenciar cauces reformistas y promocionar a dirigentes y organizaciones economicistas[52].

El resultado a corto plazo de esa estrategia empujó hacia un tímido proceso de apertura de la prensa y a la profundización en las negociaciones entabladas entre la burguesía y los representantes del movimiento obrero. En esta estrategia de la doble vía, por un lado, se inició cierto aperturismo y un diálogo con representantes de la clase obrera, lo cual se hizo con los sectores menos politizados y más proclives a buscar el entendimiento con la burguesía; y, por el otro lado, se mantuvo la represión dura contra los sectores más combativos e intransigentes de la clase obrera, lo que abocaba la situación a un callejón sin salida. El Estado fascista permanecía paralizado, sin proyecto de reforma creíble y a la espera de que una derrota decisiva sobre la clase obrera terminase por desatascar la situación[53].

Para que los sectores populares tomaran la iniciativa tendría que implementarse una Alter-

---

[52] Oposición de Izquierdas del PCE en Canarias: Declaración, junio de 1974.
[53] Ibid.

nativa Democrático-Revolucionaria. Pero esta iniciativa no podía venir de la mano de un acuerdo clase obrera-capital monopolista. No podía ser el resultado de un acuerdo entre esos dos sectores en un plano de igualdad. Para que en la práctica la clase obrera no quedara reducida a una clase subalterna en el proceso de apertura democrática, debía ser esta la que dirigiese políticamente el cambio de régimen. En realidad, la propuesta de la OPI descansaba en la idea de que la clase obrera podía tener la fortaleza suficiente para lograr una posición hegemónica en el proceso de transición. Esta era la posición que el PCE había comenzado a abandonar cuando contempló que la acumulación de fuerzas no permitía hacer un cambio que no estuviera negociado con el Estado franquista. El eurocomunismo ya no defendía esa posición, que quedó en manos de los sectores de la extrema izquierda.

La diferencia que se entabló con respecto a la política del PCE estribó en mantener como válida la teoría que el PCE ya había dejado de lado. La OPI no creyó correcta la estrategia de entablar negociaciones entre la oligarquía y los representantes del movimiento obrero, tal y como se planteó en el Pacto por la Libertad, porque consideraba que esta línea de actuación era producto "de una falta de confianza radical en la capacidad del proletariado para dirigir el proceso político"[54]. No contemplaba la opción para el acuerdo que buscaba el PCE, sino que abogaba por la destrucción completa del aparato de Estado fascista:

> junto a un programa de transformaciones sociales que, bajo la dirección de los trabajadores, pueda conducir en forma ininterrumpida hacia el socialismo[55],

y para encauzar el proceso por ese camino, existía la necesidad de la formación de un "frente antimonopolista" que englobase los diversos intereses de los distintos sectores del pueblo, bajo la dirección política del proletariado. Era una propuesta claramente leninista que defendía la insurrección y la destrucción de la clase antagónica. Un leninismo en la España de 1975 no tenía ninguna opción de salir adelante, y la posición de la extrema izquierda reflejaba más la voluntad y el deseo de los militantes de la organización que los anhelos y las esperanzas del conjunto del pueblo y, ni siquiera, de la propia clase obrera. Esto se ve hoy con mucha mayor claridad de lo que pudo verse estando inmersos en la lucha final contra el fascismo.

---

[54] Ibid.
[55] Ibid.

En ese momento, los acontecimientos sucedían a una velocidad realmente fantástica, y los que en un momento parecían grupos absolutamente consolidados desaparecían con la misma rapidez con la que habían surgido. Las primeras organizaciones que se escinden del PCE no serían los últimos casos de ruptura y renacimiento de nuevas formaciones políticas, y la OPI no se iba a quedar al margen de este fenómeno. En Canarias, la emergencia del independentismo y las preocupaciones en torno a la cuestión nacional facilitaron la transformación de la OPI en el Partido de Unificación Comunista de Canarias, lo que se tradujo en nuevas escisiones o abandonos. Cada movimiento de envergadura terminaba convirtiéndose en la antesala de profundos desacuerdos y rupturas.

3.1- Los otros comunismos

El PUCC fue el partido que hizo un mayor esfuerzo teórico por confrontar con el eurocomunismo. Tras él fue el PCC(p) el que desplegó una elaboración teórica de mayor alcance, pero no en cuanto a su crítica al eurocomunismo, porque centró más sus trabajos es las preocupaciones teóricas que tenían que ver con la cuestión nacionalcolonial[56]. El PCC(p) se centró con más determinación en la construcción de un partido comunista canario autodeterminista, y el grueso de sus reflexiones desde 1973 en adelante se centraron en ello, pero no dejó de esbozar críticas notables contra la nueva línea del PCE, que tachaba de revisionista. El alejamiento del leninismo fue entendido como un abandono de la teoría científica de la revolución, transformada "en una constante justificación oportunista de sus postulados". Esto era el resultado de que el PCE representaba sobre todo a la pequeña burguesía y a la "aristocracia obrera". La defensa de estos sectores es lo que había llevado al PCE a defender el parlamentarismo y las vías pacíficas sin plantearse la destrucción del aparato militar de la burguesía[57].

Para las Células Comunistas el abandono del leninismo durante el IX Congreso del PCE, de 1978, abrió una etapa de graves consecuencias para el partido, su militancia y la clase obrera. El periodo de transformación del Estado franquista requería una "doctrina marxista-leninista" que pudiese confrontarse a la "oligarquía autoritaria y reaccionaria" que estaba a la cabeza del proceso aperturista. CC se mostró tajantemente en contra

---

[56] Garí, D.: *Historia del nacionalismo canario*, Benchomo, TF/GC, 1992.

[57] Resolución sobre los principios del marxismo-leninismo, 1.ª Conferencia del PCC(p), 1977.

de las críticas que el PCE hizo a los modelos de socialismo en la URSS y en la Europa oriental, y defendió el avance histórico que había significado la existencia de estos regímenes.

Las vías democráticas al socialismo eran un retroceso para la conquista del poder

> al considerar que la dictadura del proletariado ya no es válida para definir el tipo de estado necesario para la transición al socialismo.

Células sostuvo que el abandono de los principios del marxismo-leninismo redundaba en interés de la burguesía y hacía el juego a las fuerzas reaccionarias. En contra de lo que sostenía Carrillo,

> La dictadura del proletariado deviene irrefrenablemente de la propia naturaleza del Estado socialista, de la lucha de clases y de principios elementales del materialismo histórico[58].

Para estos dos partidos, igual que para el Partido de Unificación Comunista en Canarias, la lucha debía moverse en torno a la necesidad de que la transformación del Estado español se realizara desde la ruptura y la profundización de las vías democráticas, y decían que trataban de establecer las alianzas necesarias de carácter antifas-

---

[58] Sagaseta, J.: *La desleninización del PCE*, Imprenta Lezcano, Las Palmas, 1978.

cista. Existían dos concepciones de la lucha por la democracia, una calificada como democrático-burguesa, desde Areilza hasta Carrillo, cuyos puntos principales eran la amnistía, la libertad sindical, la libertad de partidos políticos y el establecimiento de elecciones generales cada cuatro años como forma de legitimación política. En suma, una organización democrática del Estado sobre las bases del modelo liberal.

La segunda línea era la que defendían estos partidos y otros de similares características, que pasaba por la necesaria ruptura con el aparato de Estado franquista. Aquí la conquista de la democracia iba unida a la construcción del socialismo, de ahí que las medidas políticas en aquella etapa debían estar centradas en la constitución de un "Gobierno Provisional Revolucionario surgido del triunfo de las masas antifascistas en lucha armada"[59], o bien, por medio de un

> Gobierno Provisional Pactado, un gobierno de compromiso de las fuerzas democráticas con aquellos sectores que hoy sustentan el poder real y se

---

[59] Partido de Unificación Comunista en Canarias. Declaración Política de la Dirección Central: Ante la Constitución de la Coordinadora de Fuerzas Democráticas de Canarias en la Perspectiva de la Asamblea Democrática de Canarias, Canarias, 1976, p. 9. ATDC-PUC 7.1.11.

manifiestan sin equívocos por la apertura de un proceso constituyente sin limitaciones[60].

En ambas vías se mantenía la idea central de la ruptura democrática, programa histórico del PCE, al que se le acusaba de haberla abandonado. La vía armada en la Europa de los años setenta estaba fuera de la realidad, a menos que fuera llevada a cabo por el ejército, tal y como había ocurrido en Portugal en 1974. Pero el ejército español era franquista y la pequeña fisura que se abrió con la Unión Militar Democrática fue neutralizada con prontitud y no tuvo forma de reconstituirse. La vía del Gobierno provisional pactado con las fuerzas opositoras era inviable en la medida en que ni siquiera el PCE estaba por esa alternativa. Y era el único de los grandes partidos que hipotéticamente podría haber estado. No lo iban a estar el PSOE ni otros partidos socialistas, que estaban más en línea con la obediencia debida a los norteamericanos y a sus hermanos mayores alemanes y franceses[61].

La transformación del Estado franquista formaba parte del núcleo de pensamiento en 1976. La oportunidad que se abría podía verse truncada por el interés del PCE de llegar a acuerdos con la oli-

---

[60] Ibid.

[61] Garcés, J.: *Soberanos e intervenidos. Estrategias globales, americanos y españoles*, Siglo XXI, Madrid, 1996.

garquía. Dos campos antagónicos estaban fraguándose. Por una parte, las clases dirigentes buscaban la forma de reorganizarse desde los propios aparatos del Estado, para desde ahí dirigir el proceso de reforma de la dictadura. En el campo antagonista las fuerzas antifascistas buscaban formas de unificación de su espacio en distintos organismos de naturaleza unitaria. La Plataforma y la Junta terminaron unificándose en lo que se denominó la Platajunta, que fue el organismo unitario a escala del Estado en el que estaban prácticamente todos los partidos antifascistas.

Entre las clases dirigentes, principalmente de la oligarquía, vinculada de manera estrecha con la dictadura, se tenía la necesidad de recomponer su imagen de cara al resto de las clases dominantes, y ante el conjunto del pueblo. De ahí procedió la idea de reformular su visión sobre el carácter del Estado y de la

> cuestión sucesoria, la política represiva y el freno a las luchas obreras, la política internacional y la crisis de la ideología fascista oficial[62].

La nueva coyuntura obligó a la oligarquía a un cambio en la forma de Estado, que abrió la vía

---

[62] Partido de Unificación Comunista en Canarias. Declaración Política de la Dirección Central: *Forjar la Unidad Popular en la Lucha contra el Fascismo*, Canarias, diciembre de 1975-enero de 1976. ATDC-PUC 3.1.2.

para un enfrentamiento por el poder en el interior de las clases dominantes, así como contra la clase obrera y sus partidos. La mejor manera de salvar los muebles tendría que ser emprender un cambio de mínimos que no tocara los centros fundamentales del poder y que permitiera a la oligarquía seguir siendo el centro en el aparato del Estado. Para el PUCC, CC y PCC(p), la oligarquía encontró en la "democracia burguesa" esa nueva forma de organización política de la sociedad. En el terreno de la política internacional se optaba por la pertenencia al Mercado Común Europeo como consecuencia de las exigencias del desarrollo del capitalismo monopolista en España. En el terreno de la política interior se impulsaba un proceso de "descentralización administrativa regional", en respuesta a las crecientes reivindicaciones de las diferentes naciones del Estado español.

Desde la perspectiva de la oligarquía, la democracia burguesa no suponía una pérdida de control de los aparatos del Estado. La clase dominante se había visto abocada a una transformación política obligada por las luchas internas, por el auge del movimiento obrero y por los impedimentos de carácter político que encontró para su integración en Europa.

La ofensiva política de la oligarquía impuso la "Monarquía Juancarlista" y el Gobierno Fraga-Arias Navarro:

al hacer el balance de sus 100 primeros días ya en marzo era incuestionable el fracaso del continuismo reformista del primer gobierno de la monarquía. No hay democracia que pueda surgir del fascismo. Fraga ha fracasado al buscar una posición intermedia entre el fascismo y la democracia, propiciando un acuerdo entre el continuismo oligárquico (Arias, Fernández Miranda) y el reformismo oligárquico (Areilza, Garrigues, etc.)[63].

Para recuperar la base social perdida y hacer que la maniobra pudiese resultar exitosa, las oligarquías debían buscar el pacto con la "derecha de la socialdemocracia". Esta nueva crisis en el seno de la clase dirigente los llevó a plantear la necesidad de un Gobierno "a la vieja usanza", en el que predominaban los hombres del Opus Dei, reconocidos tecnócratas de los últimos años del franquismo. Pero las condiciones de la lucha política que ha impuesto la clase obrera los ha obligado a reconocer la necesidad de parte de las exigencias reivindicativas de las clases populares, tales como "elecciones generales, libertades políticas y sindicales, amnistía, justicia independiente". Que no olvidemos, dicho sea de paso, que son

---

[63] Partido de Unificación Comunista en Canarias. Declaración Política de la Dirección Central: Ante la Constitución de la Coordinadora de Fuerzas Democráticas de Canarias en la Perspectiva de la Asamblea Democrática de Canarias, Canarias, 1976, p. 2.

reivindicaciones queridas e impulsadas por el PCE eurocomunista.

Sin embargo, esa actitud del nuevo Gobierno, de reconocimiento de esos derechos, no presuponía la aceptación de su realización, por lo menos tal y como esperaban las fuerzas antifascistas. Esto vino demostrado, según el PUCC, por la conversión de la amnistía en un indulto –en lugar de garantizar la libertad de todos los presos políticos–; por la no legalización de los partidos comunistas, lo que suponía un secuestro evidente de la libertad política; y, por último, "no disolviendo el Consejo del Reino y de las Cortes, auténtico refugio atrincherado del continuismo fascista".

En 1976 existían tres corrientes diferentes en el seno de las clases dirigentes, que conllevaban tres formas distintas de entender la transición. La primera representaba al sector continuista del franquismo, que se desmarcó de toda posición de reforma. La segunda era la formada por los evolucionistas, que pretendían la transformación del Estado partiendo de la legitimidad de las instituciones franquistas. La tercera la representó el sector liberal rupturista, que fue partidario de cambios constitucionales pactados con los partidos obreros y con el ejército.

Los evolucionistas habían impuesto sus tesis, pero lo que fue más interesante es que esto reveló la crisis por la que atravesaba la clase dominante, que se vio obligada a realizar las transformaciones democráticas necesarias que exigían las condiciones de la España de 1976. Esta fortaleza relativa de las clases dominantes hablaba sobre el hecho de que no estaban dadas las condiciones necesarias para hacer la revolución socialista. Hay condiciones objetivas, pero

> falta un mayor desarrollo de las condiciones subjetivas necesarias para entrar en una coyuntura de crisis revolucionaria, es decir, falta que la clase obrera se una en la lucha, y sepa atraerse a las restantes capas y clases del pueblo. Falta un poderoso Partido Comunista Revolucionario[64].

Parecía que para los partidos de la extrema izquierda existía una clase obrera lista para comenzar la revolución y que era la falta de un partido que estuviese a la altura lo que lo impedía. No cabe duda de que hoy se podría pensar, aunque también lo hizo la dirección del PCE de entonces, que lo que se traslucía en ese análisis era un voluntarismo desmedido. Si no existía un poderoso partido comunista se debía al hecho de que no había una mayoría de la clase obrera interesada en llevar a cabo la revolución, y parecía más bien que era una visión insertada en las minorías de intelectuales, muy militantes, pero que no representaban de ninguna manera a la clase obrera de la época. Esta tesis era usada por los

---

[64] Ibid.

partidos comunistas oficiales de España y de Italia, dos países en los que la extrema izquierda había tenido notable implantación, aunque de forma desigual.

La conquista de la democracia se volvía el núcleo central de la lucha política. Para los izquierdistas esto conllevaba la ruptura total con los vestigios del antiguo régimen, lo cual, como hoy todo el mundo sabe, no se consiguió. Retrospectivamente nos podemos plantear este interrogante: si, finalmente, la lucha por la democracia era el nudo central del problema y no la insurrección para la revolución, ¿qué impidió que hubiese un nuevo acercamiento orgánico entre los comunistas disidentes de extrema izquierda y los comunistas oficiales del PCE? Probablemente eso hubiera tenido consecuencias de largo alcance una vez que la democracia echó a andar. Los comunistas reunificados no hubieran quedado aniquilados tras las elecciones generales de 1982 y, en las elecciones de 1979, habrían sumado no menos de dos millones y medio de votos, lo que les hubiera dado un buen puñado más de diputados. Con esa hipótesis nada hubiera impedido que los comunistas ejercieran presión contra las políticas del olvido; que la democracia penetrase en estructuras del Estado cerradas a cal y canto, como eran los poderes judicial, policial, militar y mediático; y la nueva andadura hubiera tenido un referente de izquierda de mayor consistencia ideológica que la que tenía el PSOE. Aún quedaba una década para que se terminase la guerra fría, para que el PCI desapareciera por una decisión disparatada de su dirección y para que el PCF comenzara a perder el apoyo masivo que había conquistado en las sucesivas elecciones tras la Segunda Guerra Mundial. El análisis no solo tiene un valor histórico, o meramente nostálgico, porque en la actualidad parecen reproducirse comportamientos de naturaleza sectaria que nos recuerdan a los de hace cuarenta años. En este tiempo el comunismo desapareció de Europa, pero el sectarismo en las izquierdas poscomunistas ha permanecido.

El proceso de ruptura democrática, que es el eje en torno al cual se movían las fuerzas antifascistas, implicaba el derrocamiento del fascismo y el desmantelamiento de las instituciones del régimen fascista, mediante un pacto de la oposición democrática con el poder fáctico. Hacia la democracia por medio de la ruptura, venía a ser la idea central. El asunto es que las fuerzas que gobernaban el Estado tenían el poder suficiente como para imponer los puntos del debate, si no en su totalidad, sí al menos en una buena parte, y desde luego en los decisivos. El pacto de la extrema izquierda quería garantizar la apertura de un "proceso constituyente" que condujese, a través del sufragio universal, a dotar a los aparatos del Estado con el carácter que el pueblo libremente

93

escogiese, garantizando los derechos políticos en la fase de transformación del Estado.

La síntesis a la que abocaba la extrema izquierda establecía que el conjunto de las fuerzas democráticas que componían la oposición veía el proceso de ruptura de dos formas distintas, respondiendo a dos líneas tácticas y estratégicas diferentes. Existía una visión democrático-burguesa que defendía una concepción gradual, y por etapas, del proceso de democratización, en la que se encontraban las fuerzas desde el PCE hasta la derecha moderada. Representaba un abanico ideológico bastante amplio, compuesto por elementos que van desde el conservadurismo hasta el eurocomunismo, pasando por el socialismo de vocación marxista y la socialdemocracia.

Desde el punto de vista de la práctica política este heterogéneo conjunto ideológico compartía una idea básica, al supeditar la movilización de las masas al proceso de negociación entre las élites, y se vertebraba en torno a las reivindicaciones de amnistía y libertad para los partidos políticos y los sindicatos.

Estos puntos eran los que el Gobierno de Suárez estaba dispuesto a permitir y tenían la ventaja, desde el punto de vista tanto de las clases dominantes como de las formaciones políticas reformistas, de contener la movilización de masas, a la par que este escenario podía ser lo suficientemente atractivo como para ganarse el apoyo de la socialdemocracia y el eurocomunismo, quebrando al movimiento obrero al impedir, implícitamente, la participación a los sectores más combativos del proletariado y a las organizaciones defensoras de la ruptura.

La otra vía a la transición democrática fue la de las fuerzas políticas que compartían un punto de vista revolucionario, que unía el proceso de conquista de la democracia con la consecución de la revolución socialista. Compartían con el PCE que mientras durase el fascismo la principal tarea sería su eliminación.

La táctica política debía centrarse sobre dos aspectos fundamentales. El primero trataría de establecer la constitución de un "Gobierno Provisional Revolucionario", resultado de la victoria política de la clase obrera y el pueblo a través de la "lucha armada". Una lucha armada que era del todo irrealizable en las condiciones de España en 1976, como ya dije anteriormente. Las experiencias prácticas de intento de lucha armada fueron derrotadas y arrinconadas a meras escaramuzas de naturaleza terrorista, como ocurrió con el GRAPO y el FRAP en el terreno del comunismo. Otra cuestión distinta fue la vía armada del nacionalismo vasco, ETA, que si, ciertamente, obtuvo un mayor nivel de apoyo en su feudo territorial, no dejaba de ser una práctica de terrorismo cada vez menos selectivo que no podía conducir a la rendición del Estado ni a la consecución de la independencia en el País Vasco. Su derrota llevó mucho más tiempo, pero igualmente tuvo lugar en octubre de 2011 durante el Gobierno del socialista Zapatero.

Si las condiciones del trabajo político no hacían posible el desarrollo de la lucha armada, la salida del fascismo debía concretarse por medio de un Gobierno pactado entre las fuerzas democráticas y los poderes fácticos, en el que se estableciese un programa mínimo que permitiese el desarrollo de un proceso constituyente, que incluyese la elección de la forma de Estado (monarquía o república). Las libertades políticas constituyentes debían reconocer una amnistía general, el derecho de autodeterminación y la disolución de los aparatos represivos del fascismo, unas elecciones libres a Asamblea constituyente y la formación de un Gobierno provisional que estuviese encargado de elaborar una Constitución.

Como se ve, un programa mínimo que ni siquiera el PCE estaba dispuesto a pactar, sobre todo en lo que hacía referencia al reconocimiento del derecho a la autodeterminación de las diferentes naciones del Estado. Aunque en el VIII Congreso, de 1972, se recogía el reconocimiento de este derecho, se hacía más desde una posición ideológica –de principio– que desde una posición política. En cualquier caso, la oposición no tenía la fuerza suficiente para imponer un programa de ruptura que fuera más allá de lo que el Gobierno de Suárez podía y estaba dispuesto a permitir.

El organismo que articuló la política de alianzas en 1976 fue la Coordinadora Democrática, conformada por casi toda la oposición. Los participantes fueron el Partido Comunista de España (PCE), Partido Socialista Obrero Español (PSOE), Partido de Unificación Comunista en Canarias (PUCC), Partido Socialista Popular (PSP), Partido Autonomista Socialista de Canarias (PASC), Grupo de Demócratas Independientes, Organización Revolucionaria de Trabajadores (ORT), Partido Carlista, Partido del Trabajo de España (PTE), Comisiones Obreras (CC.OO.), Unión General de Trabajadores (UGT) y Unión Sindical Obrera (USO). Faltaban algunos partidos en la izquierda o en el nacionalismo que no quisieron entrar por consideraciones de diverso tipo, entre ellos el PCC(p) y las CC.

El programa de transición que se consensuó trató de englobar las posiciones de todos los participantes, recogiéndose las reivindicaciones de libertad, amnistía y el retorno de los exiliados. De manera paralela, la Coordinadora, aceptando las posturas de los moderados, no hizo una condena explícita de la monarquía, ni se firmó nada que señalara la necesidad de destruir todos los aparatos de Estado franquistas. Tampoco incorporó el derecho a la autodeterminación de las nacionalidades ni se planteó la necesidad de preparar una huelga general que fuese el acicate necesario para constituir un Gobierno provisional. La Coordinadora había consensuado un programa más cercano a las posiciones del PCE de lo que les hubiera gustado a los sectores de la extrema izquierda. La Coordinadora de Fuerzas Democráticas venía a plasmar la correlación de fuerzas que existía en la oposición, que se consideró válida porque podía ayudar a aislar a los sectores reformistas del régimen. También se estimó que participando en esa amplia alianza se solventaba el intento de arrinconamiento de las fuerzas revolucionarias. El ascenso de las luchas populares, de la lucha de clases, fue determinante para que se admitiese a las tendencias democráticas y revolucionarias. La esperanza que tenían las organizaciones de la extrema izquierda para participar en este organismo era fortalecer el aumento de la conflictividad política y social y ampliar el programa de mínimos de la Coordinadora acercándolo a las posiciones de la ruptura democrática.

La mayoría de las fuerzas escindidas por la izquierda del PCE habían asumido plenamente el derecho de las nacionalidades a la autodeterminación, y de ahí que planteasen que en Canarias tendría que haber un proceso constituyente propio con la creación de organismos nacionales canarios. La constitución de la Coordinadora en Canarias era un primer paso en esa dirección, por eso se había llevado adelante desgajada de la Coordinadora estatal.

Finalmente, a medida que el proceso fue avanzando en las claves marcadas por el Gobierno de Suárez, con el acuerdo del PCE y el PSOE desde 1977, el asunto de la controversia entre derecho a la autodeterminación o a la autonomía se decantó del lado de este último. En los años sucesivos las divergencias entre el PCE y los escindidos por su izquierda se consolidaron con la cuestión nacional de por medio. El nacimiento de Pueblo Canario Unido y de la Unión del Pueblo Canario como plataformas electorales, una para 1977 y otra para 1979, amplió las diferencias entre las organizaciones. El PCE quedaría como una fuerza menor, y la UPC pareció levantar por un breve periodo de tiempo una alternativa de izquierda completamente independiente del PCE, que colocaba el derecho de autodeterminación como uno de sus puntos principales.

4- Historias de un mitin

A-La entrada

La puerta principal a la vieja plaza de toros se ve concurrida. La gente entró paulatinamente desde un buen rato antes del comienzo del mitin. Varios carteles del PCE están dispuestos a un lado y al otro de la puerta. Desde lo alto cuelga una gran banderola roja en la que puede verse una hoz y un martillo con las letras P.C.E. Era la primera vez en la historia que podía contem-

plarse en Santa Cruz de Tenerife algo parecido,
aunque ya hacía meses que las pintadas en los
muros y la cartelería política se habían hecho un
lugar en el espacio urbano.

La pequeña ciudad provinciana vio alterada su
lánguida convivencia desde que el ascenso de las
luchas de clases se incrementó a principios de
1976. Las huelgas en los sectores del puerto, frío
industrial, transportes, recogida de basura, profesorado, estudiantado y el asesinato del vecino
Bartolomé García Lorenzo habían disparado la
conflictividad como en los buenos tiempos del
anarcosindicalismo de la década de los treinta. La
huelga general convocada tras el asesinato de
Bartolomé intensificó la protesta.

> En todos los barrios de la capital la tensión fue pa-
> tente. Los accesos por carretera a Santa Cruz se
> cortaron y bloquearon por barricadas. La capital
> estaba tomada por la policía. En la vecina ciudad
> de La Laguna la situación era parecida. Todos los
> comercios del centro cerrados, e incluso los bares
> que abrían de madrugada a las nueve de la mañana
> ya habían cerrado de nuevo sus puertas [...]. El ba-
> rrio de Somosierra fue sitiado por la guardia civil y
> batido en razias por la policía armada, que repri-
> mía con dureza a los grupos de personas congrega-
> das. El ruido de sus sirenas creaba un clima de te-
> rror entre los vecinos. La guardia civil provista del
> armamento reglamentario impedía el acceso a los
> vehículos, así como la circulación por la carretera
> del Rosario desde sus comienzos hasta las barria-
> das de Ofra. Durante toda la tarde y parte de la no-

che los enfrentamientos se generalizaron por distintos puntos de la ciudad, no solo en los barrios obreros, sino también en las zonas centrales. En Méndez Núñez, Plaza de la Candelaria, Plaza Weyler y Plaza de la Paz las barricadas eran colocadas y desmontadas de manera persistente por el pueblo y la policía, respectivamente. Incluso en la ciudad turística del norte de la isla, Puerto de la Cruz, los enfrentamientos hicieron acto de presencia y la huelga tuvo resonado eco con el cierre de muchos establecimientos comerciales, bares y cafeterías[65].

El sindicalismo de clase de ámbito estatal y también el nuevo sindicalismo nacionalista impulsaban los conflictos laborales de aquellos tiempos. Más los segundos que los primeros.

Ver en ese entonces un despliegue simbólico del comunismo era admitido por distintos sectores de la ciudad con naturalidad. Por otros, no, desde luego. Los sectores conservadores de la burguesía insular, una buena parte de los miembros de los aparatos del Estado en sus distintos componentes, desde la judicatura a la policía o la Guardia Civil, desde el funcionariado civil a los militares, claramente no veían con buenos ojos este despliegue simbólico. De forma particular a las élites capitalinas, y, entre ellas, al personal de alta graduación de la Capitanía General, segura-

---

[65] Garí, D.: *Tenerife en rojo. Luchas obreras en la transición política 1975-1977*, La Nave, Valencia, 2010.

mente todo eso les resultaba molesto, cuando no una franca pesadilla que no esperaban vivir en estas apacibles islas.

La gran tela roja con hoz y martillo que cuelga de la plaza de toros mira desde su altura la avenida que pasa a su lado y que lleva por nombre rambla del General Franco. Y a escasos ochocientos metros en dirección al mar, es decir, a cinco minutos a pie, se encuentra el edificio de la Capitanía General, en donde mora el general Tomás de Liners y Pidal, que pasó a ser capitán general de Canarias tras desempeñarse como delegado del Gobierno en Melilla. En 1978 fue ascendido a jefe del Estado Mayor del Ejército de Tierra, cargo desde el que dijo: "Mi postura militar coincide con lo que señalará la Constitución"[66]. Teniendo en cuenta que la Constitución aún se estaba negociando y que no se aprobaría hasta el mes de diciembre, se pueden plantear dos posibles explicaciones: o bien la Constitución iba a ser redactada bajo supervisión de los militares, o, por el contrario, este militar acataría plenamente la Constitución, aunque en ella se introdujesen formulaciones inaceptables para su corporación. Hay que echarle mucha imaginación para este segundo supuesto.

---

[66] *El País*, 21 de mayo de 1978.

La influencia de los militares fue determinante en el redactado constitucional, y previamente su influencia sobre la sociedad civil era notable. En el caso de Santa Cruz eran protagonistas de casi todos los actos que se celebraban en la ciudad. En mayo de 1977 el capitán general inauguró la VIII feria del libro de Tenerife. Una semana más tarde presidió el primer desfile militar durante el día de las fuerzas armadas desde el balcón del edificio de la Capitanía. El capitán general, dirigiéndose a la tropa y familiares, porque no había mucho más público que ese, defendió la identificación del pueblo español con el ejército y la bandera nacional, recalcando "la sumisión" de todos ante la figura del rey. Y esta identificación

> se pone aún más de manifiesto en aquellas zonas más amenazadas de nuestra Patria [...] como nuestro entrañable Archipiélago Canario [...] en el que viven los "descendientes" de aquellos otros que supieron dar gloriosa réplica a los intentos anexionistas de británicos y holandeses[67].

Esa gran banderola roja con la hoz y el martillo era completamente disruptiva también para la jerarquía eclesiástica, gran avaladora de la dictadura. En el mismo mes de mayo de 1977 que estamos narrando, Luis Franco Cascón, obispo de

---

[67] Revista *Hespérides*. Capitanía General de Canarias, 29 de mayo de 1977.

la diócesis de Tenerife, difundió una carta pastoral en la que hacía un llamamiento al elector católico en "nombre de la fe y no de la política", pidiendo no dar ningún voto a los partidos marxistas. Las razones que aducía eran que el marxismo era dialéctico, ateo y supercapitalista, además de proponer un orden dictatorial. La verdad es que las razones que esgrimía el obispo eran disparatadas y sin criterio. En cualquier caso, la carta pastoral concluía pidiendo el voto para Alianza Popular como la "única solución"[68].

Al otro lado de la ciudad están ubicados los barrios obreros de bloques o de autoconstrucción. El simbolismo es poderoso y el PCE vive su euforia particular, porque desde hace horas la gente va llenando el recinto del mitin, para reconocer así que su trabajo clandestino, realizado con sacrificios humanos heroicos, por fin se verá recompensado cuando los colegios electorales abran por primera vez tras cuarenta años de dictadura.

B- Primeros asistentes

La gente ocupaba sus sillas y lugares en la grada a medida que iban entrando al recinto.

---

[68] Carta pastoral de monseñor Dr. D. Luis Franco, obispo de Tenerife, 14 de septiembre de 1976. Biblioteca ULL.AP TDC PUC 34.5.01.

Todavía era pronto y los conocidos se reunían en corros para charlar. Otros esperaban sentados conversando. La expectativa era grande. La espera de un momento que había tardado muchos años para los comunistas, que deseaban volver a ser protagonistas de la historia tras los terribles cuarenta años de dictadura, de compromiso, de miedo.

En primer plano, una joven lleva la voz cantante en una conversación con un hombre de mediana edad, que puede ser su padre, amigo o pareja, y que escucha lo que ella está diciendo. ¿De qué hablarán? Del comunismo, de las esperanzas, o tal vez de problemas laborales o domésticos. Detrás, un joven con las patillas de aquellos tiempos, largas hasta la quijada, bien repeinado. Mira a la tribuna y quizá se siente reconfortado al ver el despliegue de los suyos.

En medio de ambos grupos, otro joven de pelo largo enfundado en su chamarra parece muy abrigado para esas fechas de mayo. Está inmerso en una lectura, acaso de la prensa que vende el grupo de más atrás. La prensa del partido, cuya cabecera rezaba *Tierra Canaria*, o *Mundo Obrero*. Allí dos hombres y una joven charlan en torno a la mesa de los periódicos del partido. Ella ojea los ejemplares, mientras el responsable de la mesa se encarga de la disposición. Hay dos puestos más de prensa partidaria. La gente estaba deseosa de leer análisis que confluyeran con sus puntos de vista, o que explicaran algunos asuntos complejos que preocupaban a la sociedad canaria, como la cuestión de la autonomía, del Sáhara occidental o el acuerdo pesquero con Marruecos. Estos dos últimos estaban muy relacionados, porque el acuerdo pesquero entre España y Marruecos se hacía sobre aguas saharauis, que era donde se llevaban a cabo las capturas de las sardinas y los cefalópodos. El convenio se firmó partiendo de los Acuerdos Tripartitos de Madrid, un documento no reconocido por la ONU, es decir, sin validez internacional, que entregó a Marruecos la titularidad de las aguas de la República Árabe Saharaui Democrática (RASD).

Las razones de que esto fuera así las veía el PCE como resultado de la presión norteamericana para favorecer el expansionismo marroquí. El acuerdo era perjudicial para el sector de la pesca artesanal canaria y colocaba al archipiélago en una situación de frontera muy peligrosa, porque a ese asunto se sumaba la propia cuestión del Sáhara occidental y de cómo la política del Gobierno situaba a las islas en un entorno geoestratégico muy delicado. El Sáhara quería ser sometido a una política de saqueo de sus aguas y de sus recursos mineros. El PCE levantaba la bandera de la neutralidad de las islas y argüía que no deseaban que se alineara ni con la OTAN ni con Argelia[69].

En la época existía la impresión generalizada entre la población de que resolver el problema del Sáhara occidental de manera correcta era muy importante para Canarias. Lo contrario podía llevar a situaciones peligrosas en aquel momento de creciente confrontación entre Marruecos y Argelia, con el conflicto del Sáhara de por medio. Se hablaba mucho de la posibilidad de que se instalase una base militar de la OTAN en alguna de las islas, y esto generaba un rechazo frontal por parte de la mayoría de la población. Los ciudadanos no querían ver su territorio convertido en una plataforma de agresión contra los pueblos de África occidental.

---

[69] González Viéitez, A.: "Canarias está en venta y nunca aceptaremos que nadie venga a decidir por nosotros", en *Tierra Canaria*, 1 de diciembre de 1977.

La primera medida para no llegar a ese extremo consistía en que se implementase el derecho de autodeterminación del Sáhara y se respetase la voluntad de sus habitantes, así como la de la población de Canarias. Decía uno de los dirigentes del PCE:

> hemos de ser canarios y saharauis quienes, por nosotros mismos, decidamos el destino que queremos, entremos en cómo debería ser ese futuro. Y pocas dudas hay acerca de que ese futuro, que es el nuestro y el del área que compartimos debe sentarse sobre la cooperación y el entendimiento de quienes lo habitamos. Cooperación y entendimiento que tiene como punto de partida la libre expresión de la voluntad de los pueblos del área, sin paternalismos ni chantajes, sin agresiones ni intentos de exterminio[70].

La toma de conciencia de estos problemas en esta área geopolítica favoreció que, en 1986, Canarias votara en contra de la permanencia del Estado español en la OTAN, al contrario que el resto del país, en donde la población votó a favor de la permanencia en la Alianza Atlántica.

Encima, ya en las gradas, un numeroso grupo de personas se va situando para coger sitio y gozar de una buena visión cuando empiecen los oradores a arengar y explicar a los congregados

---

[70] Ibid.

cuáles son las ideas de este nuevo comunismo renovado, que se enlaza con su pasado y quiere proyectarse hacia el futuro. Otra gente dispersa va buscando su lugar para el acto.

El recinto se fue llenando paulatinamente hasta quedar completamente abarrotado. El inicio se tuvo que retrasar al menos quince minutos debido a una avería en los equipos de sonido, que tuvieron que ser sustituidos en parte, para que todo comenzase sin mayor demora.

C- Las pancartas en el escenario

En esta foto se muestra la decoración del escenario y la tribuna a la que se subirán los dirigentes del partido. La cartelería recoge una buena muestra de las reivindicaciones que se demandaban. En algún cartel permanece la idea de la ruptura, cuestión que ya el PCE había dicho que dejaba de lado. Pero ese cartel que dice "Por unas Cortes constituyentes" es sin duda un anhelo de la militancia. También la exigencia de una "Amnistía total" formaba parte de la propuesta de ruptura, aunque la amnistía del programa de ruptura estaba pensada para los luchadores anti-franquistas y no para los políticos y militares que se vieron beneficiados por tal medida. Ese fue uno de los puntos clave que posteriormente permitieron que los torturadores y asesinos se fueran de rositas, como fue el caso del policía Matute, que torturó y asesinó al obrero comunista Antonio González Ramos, o de los miembros de la Brigada Político-Social que ametrallaron al joven Bartolomé García Lorenzo, o los guardias civiles que asesinaron al estudiante Javier Fernández Quesada. O los guardias civiles que tirotearon y mataron al obrero Antonio Padilla Corona, todo ello ocurrido entre 1975 y 1977.

La consigna de la pancarta que dice "Socialismo en democracia" era la idea central de la propuesta del eurocomunismo. La democracia ya no podía ser entendida como una mera transición hacia un estado de dictadura del proletariado, sino que tenía que ser la forma de Estado de la que el socialismo debía dotarse para superar la contradicción de los modelos históricos de socialismo, que hasta entonces se habían organizado como sistemas autoritarios. Socialismo y democracia era lo que los dirigentes eurocomunistas del sur de Europa defendían en aquella época, y contra los que no había ninguna nueva fórmula que oponer si los comunistas querían convertirse en fuerzas hegemónicas en las democracias occidentales.

En el programa electoral del PCE, aprobado en abril de 1977, se hacía un diagnóstico sobre la atmósfera que estaban creando los grupos terroristas de extrema derecha y los neofranquistas de Alianza Popular, los cuales, y cada uno con sus recursos, insuflaban el miedo entra la población para condicionar el voto. Las autoridades policiales y los jueces, contribuyendo con esa política del miedo, detenían a los activistas de las organizaciones democráticas sindicales y políticas. Ante ese panorama la consigna de la democracia cobraba especial relieve para el PCE y, además, el partido recordaba a los electores que eran ellos los que habían luchado denodadamente contra la dictadura, aunque ahora apareciera una miríada de grupos, personas y partidos arrogándose también la lucha contra la dictadura, lo cual a todas luces no era cierto. "Por ello el voto por las candidaturas del PCE es un voto democrático inequívoco", es un voto a un partido que ha sido martirizado con miles de militantes asesinados o encarcelados tras cuatro décadas de dictadura[71].

La otra gran pancarta que preside el acto es una exigencia de autonomía. Esta propuesta venía de lejos porque desde antes de la guerra hispanoamericana de 1898, igual que Cuba y Puerto Rico, Canarias también pedía una autonomía para autogobernarse. Desde Secundino Delgado a Luis Rodríguez Figueroa y a otros tantos, el grito estaba lanzado. Durante la II República se volvió a solicitar, pero la dictadura terminó con esa posibilidad hasta que en la etapa reciente se volvió a la carga con la idea. Habían sido intelectuales, profesionales y economistas los que a comienzos de los años setenta empezaron a estudiar un modelo autonómico concreto, conocido como el Estatuto Regional para Canarias, elaborado por el IUDE de la Universidad de La Laguna en 1972. Hay que anotar que los más firmes y consecuentes partidarios de la autonomía fueron el PCE y el PSOE, aunque este último pactara con UCD recortar el modelo canario de autogobierno. La derecha, sin embargo, no mostró interés autonómico hasta que comenzó a comprender que podrían jugar un papel central en ese nuevo escenario de la España autonómica, pero ellos antes ya se habían conformado con la Ley de Bases

---

[71] Programa electoral del PCE, abril de 1977. Madrid.

del Régimen Local de 1975, que daba una cierta autonomía administrativa a los cabildos.

La reivindicación era de un Gobierno para Canarias que debía ser conformado por una asamblea provisional elegida a tal efecto. Se quería que estuviera compuesto por un representante por cada cabildo insular más cuarenta elegidos directa y simultáneamente durante la convocatoria de elecciones locales. Se proponía que esta asamblea elaborara sus reglamentos de funcionamiento interno y el Estatuto de autonomía que tendría que aprobarse. Entre los cometidos que esta asamblea debía tener estarían los de equilibrar y superar solidariamente las desigualdades entre las islas, la transformación económica en profundidad que pudiera superar la dramática dependencia de los factores externos, así como el control de los agentes especuladores.

> Una economía que se asiente en la utilización de los poderes autonómicos y por instituciones financieras bajo control público

para hacer una sociedad más igualitaria. Además, el autogobierno tendría que afrontar el reto de impulsar una educación pública y de calidad,

> con una adecuada promoción de las capacidades personales y teniendo en cuenta las necesidades globales del desarrollo de las islas. Junto a ello,

una gestión democrática de nuestro patrimonio histórico y artístico

impulsando las manifestaciones autóctonas[72].

La bandera canaria presidiendo el acto, debajo de la del PCC, era el amanecer de un nuevo día. De acuerdo que aún el PCC-PCE no le ponía las siete estrellas verdes, dado que en aquel entonces ese símbolo se asociaba a los independentistas y autodeterministas, pero el origen fue el mismo. La bandera tricolor sin estrellas había nacido con el movimiento Canarias Libre de principios de los sesenta y significaba desde entonces el símbolo por antonomasia de las luchas del pueblo trabajador canario.

> La bandera tricolor canaria fue lanzada por primera vez el 8 de septiembre de 1961 en Teror, durante las fiestas en honor de la Virgen del Pino [...]. Las banderas tricolores de papel [...] que fueron lanzadas en esa ocasión fueron confeccionadas por Doña María del Carmen Sarmiento Valle [...] y por su hijo Arturo[73].

La bandera canaria, que aún no era aceptada por todos en los setenta, terminó siendo la bandera de la autonomía una vez aprobado el Estatuto. Y posteriormente la bandera con las siete es-

---

[72] *Tierra Canaria*, 1 de diciembre de 1977.
[73] Suárez Rosales, M.: *Historia de la bandera canaria*, Ecotopía, 1981.

trellas verdes se convirtió en el símbolo no oficial más importante, en el que se reconoce una parte nada desdeñable del pueblo canario.

Por último, y más pequeña, una pancarta pide la legalización de todos los partidos, porque en aquellas fechas muchos partidos a la izquierda del PCE estaban en la ilegalidad y tuvieron que afrontar el desafío en peores condiciones que los que ya estaban legalizados y que desplegaban su política a plena luz del día.

D- Santiago Carrillo

Santiago Carrillo se dirige a los asistentes al mitin del día 19 de mayo de 1977 en Santa Cruz de Tenerife. La foto capta una imagen vista muchas veces después, en actitud de arenga, mientras está en medio de su discurso. Carrillo, sin duda, fue un dirigente clave de la historia de España en el siglo XX. Su larga experiencia política lo convirtió en una referencia española y mundial, sobre todo en los años sesenta y setenta del siglo, aunque él valoraba mucho su actividad durante la II República, sobre todo el papel jugado en la unificación de las juventudes socialistas y comunistas, y su permanente compromiso con el partido durante décadas, en las que atravesó difíciles momentos en el exilio y en la clandestinidad, hasta lograr la legalización del PCE el 9 de abril de 1977.

La apuesta por la legalización fue una decisión central en el partido. La democracia en España no podía implementarse manteniendo al PCE en la ilegalidad, y Carrillo tenía que hacerle comprender eso al presidente Suárez. Los norteamericanos, que estaban monitoreando el proceso del posfranquismo, no querían que se legalizara el partido, pero esa propuesta maximalista norteamericana no traería estabilidad y reforma en España; el PCE lo sabía, y Suárez lo terminó comprendiendo también. Pero el proceso iba a estar lleno de tensiones y con un freno permanente en el seno de los aparatos del Estado más reaccionarios, como era el caso del ejército. Carrillo fue hábil en sus declaraciones a la prensa tratando a los militares por encima del sectarismo que ellos mantenían al considerarse el ejército del 18 de julio, es decir, el ejército de Franco. Carrillo se prodigó repitiendo una y otra vez que el partido entendía que el ejército era del conjunto del país, y no de una fracción. Era importante que ese punto de vista se publicitara repetidamente porque el objetivo que tenía era desconcertar a los militares y generarles la duda de si debían cerrarse como un bloque frente al PCE o, por el contrario, abrir una brecha en su seno y conseguir así su división en torno a este asunto. El ejército debía servir al conjunto del país y no a una facción de este, y la forma que tenía el PCE de lograr ese objetivo era ahondando en su división llamando a su unidad. En lenguaje de la época, generar contradicciones en el seno del enemigo.

Por otro lado, la apuesta que había hecho la dirección del PCE en torno al modelo de reforma tras el referéndum de 1976 sobre la transición política no implicaba el abandono de los principios republicanos, pero sí la elección de una posibilidad real de transformación del franquismo hacia un modelo democrático. En rueda de prensa posterior al mitin, Carrillo dijo que la elección que en esos momentos tenía que dilucidarse en el país era la de la democracia frente a la dictadura y no la de la república frente a la monarquía. Era obvio que Carrillo no veía al PCE con fuerzas suficientes para imponer el programa de la ruptura, la cual sí entrañaba la elección entre república o monarquía, y adaptó su estrategia a las necesidades del país y a las posibilidades que el conjunto de las fuerzas democráticas tenía en ese momento. La convocatoria de la huelga general de finales de 1976 había sido un aviso a navegantes difícil de ignorar. Carrillo no veía con malos ojos la posibilidad de un Gobierno de coalición en el que además de los comunistas estuviesen los socialistas de Felipe y de Tierno y los democratacristianos de Ruiz-Giménez. Algo así como un compromiso histórico a la española.

El centro político era un espacio necesario con el que llegar a acuerdos para dejar aislados a los sectores ultras y de la extrema derecha. La derecha civilizada, que estaba homologada en toda Europa como opción de gobierno en democracia, tenía que construirse también en España, para poder dejar atrás la dictadura y las intentonas golpistas que aún resonaban en el país. Por eso, el partido asumía su nueva posición no como una mera táctica oportunista, sino como una posición de principios.

El mitin lo clausuró Carrillo tras las intervenciones de Alexis García, José Carlos Mauricio y Francisco Álvarez. El público se levantó de sus sillas y brindó un prolongado aplauso al líder comunista. Con una voz rasgada y afónica animó a los camaradas a ponerse manos a la obra, y no dejar que pasara más tiempo sin que la voz de los comunistas se oyese. Tras llevar cuarenta años en la postración, los comunistas debían ahora reivindicar su papel.

> Hoy la gente se extraña de que no tengamos pezuñas y rabos y olor a azufre. Dicen que somos lobos con piel de cordero, que nuestra actitud es sólo una táctica.

Respondía así Carrillo al sentido común que el franquismo había fabricado acerca de los comunistas, y seguidamente se preguntó de manera retórica quiénes eran los lobos, a lo que respondió:

> Los que han matado impunemente, los que se oponen al proceso democrático e invocan que lo interrumpan por la fuerza, los que quieren convertir estas plazas en lugares de concentración.

Los comunistas, dijo Carrillo, no venían cargados de rencores, sino listos para la lucha en la que todos sean libres, para crear un país en el que se pueda discrepar sin que los conflictos se resuelvan por la vía de la guerra. Carrillo señaló a los sectores de izquierda que criticaban la moderación del PCE y les dijo que el partido estaba actuando políticamente teniendo en cuenta las realidades concretas del país, y que su responsabilidad en el proceso abierto consistía en hacer todo lo posible para que la democracia se abriese camino hacia el futuro, sin renunciar a sus principios.

> Nosotros somos un partido partidario del socialismo, de un socialismo comunista, pero el problema esencial es el proceso a la democracia. El problema esencial no es república o monarquía, capitalismo o socialismo, sino libertad o dictadura[74].

El partido se manifestó defensor de los derechos humanos y de la libertad religiosa, y remarcó el hecho de que muchos cristianos militaban en el PCE; además, hizo una condena del terrorismo y de las políticas de Estado aplicadas en el País Vasco.

Para coger la iniciativa, el PCE tenía que desmontar al enemigo con discursos y gestos reales que estaban muy alejados de la imagen que le había construido el fascismo. La moderación era un activo necesario en esos momentos, más allá de que el eurocomunismo entrañase una nueva estrategia de los comunistas para las sociedades de la Europa occidental.

E- Francisco Álvarez

En esta foto se ve a Francisco Álvarez dirigiéndose a los miles de personas que llenan la plaza de toros. La gente que está en segundo

---

[74] Las partes entrecomilladas están recogidas de los periódicos *El Día* y *Diario de Avisos* del 20 de mayo de 1977.

Domingo Garí

plano, aunque está borrosa en la fotografía, se percibe atenta a las palabras del dirigente comunista. Muchos de los que allí estaban asistiendo a ese momento histórico eran portadores de un deseo utópico comunista que, paulatinamente, se fue apagando en la década posterior.

Francisco Álvarez era el secretario general del PCE en la provincia de Tenerife. Su pertenencia al PCE databa de 1965, cuando, contando con quince años, entró a militar clandestinamente en las juventudes del partido. Para su temprana politización había sido determinante la influencia de su abuelo, al que ayudaba en el reparto de la revista clandestina *Mundo Obrero*, órgano de expresión del PCE. Tras sus primeras escaramuzas en la clandestinidad en la isla, se incorporó a la organización universitaria del partido en Zaragoza, convirtiéndose en miembro de su comité de dirección en mayo de 1968. Estudiante de matemáticas, fue delegado estudiantil de ciencias y secretario de información del Sindicato Democrático de Estudiantes. En ese mismo año se le frustró la posibilidad de viajar hasta París para una reunión con Santiago Carrillo y la dirección del partido en el exterior. El objeto del encuentro era analizar el trabajo en el seno del movimiento juvenil y estudiantil en España, pero se le denegó el pasaporte y así se le mantuvo hasta la muerte del dictador. En ese mismo año se desplazó a Barcelona para asistir a la reunión de todas las organizaciones universitarias del partido. Allí conoció a Manuel Sacristán, por entonces miembro del comité central del PCE y relevante pensador del comunismo español.

Fruto de su actividad militante, fue detenido en varias ocasiones y torturado en las dependencias policiales. En una de ellas estuvo en condiciones de indefensión absoluta durante diez terroríficos días. En 1974 entró a formar parte del comité central del PCE, primero en calidad de miembro invitado durante un año y, posteriormente, como miembro de pleno derecho, situación que mantuvo hasta 1982.

Tras la muerte de Franco, y aún en la lucha por la legalización, se llevó a cabo un primer mitin del PCE en La Palma. El partido había sacado la consigna de salir a la superficie para forzar al

Gobierno a su legalización. El mitin se organizó en el cine de Tazacorte y se anunció por todo lo alto. El acto había sido impulsado por Pepe el Cano, trabajador de los obreros del campo afiliado al partido, quien intervino junto con José Carlos Mauricio, Alexis Bravo de Laguna, Wladimiro Rodríguez Brito y el propio Francisco Álvarez.

Antes de la legalización del partido Carrillo vino a Canarias, y Paco Álvarez se desplazó a Las Palmas para la reunión que se había convocado en la casa de Antonio Cabral, arquitecto grancanario también miembro del comité central del PCE. Carrillo estaba recomponiendo una dirección en el interior sobre la que pudiese tener un mayor nivel de control. El fin de la reunión era impulsar la reestructuración del partido en las islas. Ese tipo de visitas se convirtieron en habituales en todos los territorios para tratar de solventar problemas de organización o de otra índole.

Tras años de luchas clandestinas, por fin llega la hora de la legalización, a escasos meses de las primeras elecciones generales de junio de 1977. El partido se preparó para llevar a cabo una gran demostración de fuerza en la isla, y convocó un mitin en la plaza de toros de Santa Cruz de Tenerife el 19 de mayo de 1977. Como se puede apreciar en las fotos que se muestran en este libro, el recinto estaba completamente abarrotado de público.

Francisco Álvarez sintonizó siempre con Carrillo, del que tenía una opinión muy favorable, y lo destacó como uno de los personajes más sobresalientes de la historia de España en el siglo XX. Francisco Álvarez estuvo en la famosa primera rueda de prensa ya en la legalidad, en la que se anunció que el PCE aceptaría la bandera roja y gualda y la monarquía como forma de Estado. Compartió entonces plenamente la posición que lideraba Carrillo como la manera más eficaz para impulsar el proceso de las reformas democráticas. Carrillo les dijo en aquella reunión del comité central que una vez que hiciesen la rueda de prensa había dos posibilidades: la primera, que fueran detenidos y llevados a Carabanchel; y la segunda, iniciar el proceso de cara a las elecciones generales.

Para la organización del mitin se necesitó la participación de la militancia de la isla. El propio Francisco Álvarez se puso manos a la obra con gente de Tíncer, Taco, San Matías y San Andrés. La organización del acto, tanto su sistema de seguridad como el despliegue de elementos decorativos y de logística, corrió por cuenta del partido. El PCE tenía una base social muy obrera: trabajadores de astilleros, pescadores, obreros de la construcción, metalúrgicos, trabajadores de la refinería, gente con muchas habilidades manuales que se pusieron a disposición del acto para engalanar la plaza de toros. También contribuyeron grupos de artistas y gente de Bellas Artes.

El ambiente era tenso e ilusionante a la vez. Miles de personas llenaban el recinto taurino, y cuando comenzaron los oradores se quiso transmitir la idea de que no eran el diablo con cuernos y rabos, como el franquismo los había caricaturizado, sino que era gente que lo que buscaba era el socialismo y la democracia. El PCE debía hacerse un hueco en el nuevo escenario que se abría a cuentagotas. Álvarez es consciente de que los enemigos del partido no estaban solo en el seno del aparato de Estado, sino también en las fuerzas políticas de oposición, como el PSOE, que no era partidario de la legalización del PCE, por cuanto esto significada abrir un espacio de competencia a su izquierda y, además, por un partido que se había curtido en la lucha antifascista casi en solitario. Las expectativas con el mitin eran buenas, pero el resultado final de las elecciones no refrendó esa impresión adquirida durante la campaña electoral.

Francisco Álvarez era el número uno de la lista al Congreso por la provincia de Tenerife, y era consciente de que el hecho de ser una provincia pequeña (siete diputados) dificultaba su elección, porque al haber en disputa un número reducido de escaños, lograr uno requería un porcentaje muy alto de los votos.

En cuanto al debate en torno a cómo se habría de llevar a cabo la negociación para la legalización del partido, Álvarez lo vivió en plena sintonía con la posición oficial del partido y, por tanto, de Carrillo. Era lógico que hubiera unas negociaciones previas conducidas por la dirección, y que en ellas se fuesen alternando distintas posturas en función de la posición de la contraparte negociadora. En contra de las opiniones que han mostrado su desacuerdo y acusación de traición hacia el partido, su historia y su militancia, por cómo se llevó a cabo el proceso negociador y lo que finalmente se aceptó, nuestro protagonista comenta:

Obviamente, vemos todos los días en la política que hay negociaciones y se habla. La nuestra era una propuesta muy sensata teniendo en cuenta que el dictador se murió en la cama y que entre las fuerzas de oposición democrática, en realidad el Partido Comunista era la más potente, pero era un grupo pequeño y no se pudo. Intentamos mover a sectores del ejército, pero no conseguimos el éxito de los compañeros portugueses. No había una guerra colonial, y entonces está claro que hay algunos cronistas que plantean eso de decir "la negociación" como si fuera una cesión. Pero en realidad es lo que le corresponde a un dirigente político, y es una de las cosas que yo admiraba de Carrillo, su capacidad de negociación. Esta posición viene desde antes, de lo que se propone en España con la reconciliación nacional, que era el eslogan del Partido Comunista desde los años cincuenta, con el que se le pone fin a la herencia de la guerra civil. Un planteamiento en el que también influyó Sacristán, con la relación aquella de los libros escritos por varias personas aunque los firmase Carrillo, como *Nuevos enfoques a problemas de hoy, Después de*

Franco qué, en fin, ese tipo de cosas indican que efectivamente el Partido Comunista, incluso con Dolores Ibárruri, ya era partidario de iniciar un proceso de negociación con las fuerzas democráticas que aparecían en España, desde los monárquicos a los de Montejurra, lo que fuera, para intentar sacar el país para delante[75].

La otra gran disputa dentro del partido tuvo que ver con el eurocomunismo. Francisco Álvarez opina que en aquel entonces el partido en Tenerife estaba dividido al 50%, entre los que apostaban por la estrategia eurocomunista y los que no veían esa propuesta. El partido había sufrido distintas escisiones en la isla y dentro de la organización coexistían distintas facciones, así que la impresión podría ser que los eurocomunistas no eran mayoría y que, incluso, el propio secretario general no se veía representando a la mayoría de la afiliación. Álvarez cuenta una anécdota al respecto que me parece interesante reseñarla aquí como colofón de su retrato:

Como anécdota te puedo decir que cuando vine de la reunión del comité central en Madrid en el 77, en el que aprobamos poner la bandera monárquica junto a la del partido comunista en nuestra rueda de prensa [...], cuando llegué al aeropuerto, ya en esa época era normal que cuando yo me marchaba

---

[75] Entrevista con Francisco Álvarez el 26 de octubre de 2023.

y venía, siempre había un grupo del partido, y grupos también de seguridad por si acaso, porque había muchas posibilidades de que te pasara cualquier cosa; entonces, yo siempre tenía cerca a alguien del partido que me ayudaba, de lo que se podía llamar servicio de seguridad propio, del partido, amigos que están siempre, que habían sido muy amigos míos, pero [ese día] recuerdo que llegué al aeropuerto y me recibió un grupo bastante numeroso, muy numeroso, un grupo importante de miembros del partido con pancartas contra la decisión del comité central, pancartas de traidor [...] sí, sí, y luego [eso] se discutió mucho en los organismos del partido. [Pero el comité central había aprobado y aceptado la bandera], y luego se colocó aquí en todos los actos.

Durante su intervención se refirió a los problemas económicos que azotaban a las islas y dijo que los responsables estaban en el aparato del Estado fascista, que se debían afrontar los problemas conjuntamente con los pueblos del Estado y que Canarias formaba parte de ese Estado como un territorio más, pero que debía disponer de un sistema autonómico que le permitiese tener herramientas apropiadas para hacer frente a los grandes desafíos que la crisis había instalado, que permitiese agrupar al pueblo para sacarlo de la crisis. Proclamó la necesidad de construir una "Canarias libre y autonómica dentro de una España libre y democrática" y recalcó la idea de que godo no es sólo el explotador que tiene su sede en Madrid sino el canario que también explota desde su propia tierra a los demás canarios[76].

Estas ideas eran centrales en el discurso del PCE.

F- Victoria Jiménez González

Victoria Jiménez no era una joven politizada durante su adolescencia. Llegó a la Universidad de Santiago de Compostela en el año 1967 para comenzar a estudiar Económicas. Y a lo largo de la carrera se fue politizando paulatinamente, aunque no desempeñó ningún trabajo militante en aquel entonces. Cuando llegó de nuevo a la

---

[76] *Diario de Avisos*, 20 de mayo de 1977.

isla y comenzó su profesión de economista, gracias a las influencias de sus amistades, de las cuales algunas militaban en el PCE, fue introduciéndose en las actividades del partido. Ahí tomó conciencia de que tenía que comprometerse a efectos de acelerar el cambio político y económico. Y entra en el partido sin ser comunista, casi por inercia, influida por su entorno.

Su militancia la desarrolló en el ámbito de su profesión y, conjuntamente, con otros profesionales de actividades diversas. El Colegio de Economistas, así como otros colegios profesionales, fue el lugar desde el que Victoria afrontó su politización. Fue la colegiada número 19 del Colegio de Economistas de Canarias.

Para Victoria, la decisión de entrar en el partido no tenía que ver con su planteamiento ideológico, sino más con razones de tipo funcional, porque el PCE era la única opción antifranquista organizada y, gracias a ello, sus militantes se sentían protegidos en el desempeño de su activismo. Su militancia se limitó a los primeros años de la transición, y formó parte de la lista del partido para las generales de 1977. Fue la mujer que iba más arriba en la lista, y luego también estuvo en la lista para el Cabildo en la convocatoria de 1979. A partir de ahí su militancia se fue reduciendo hasta dejarla completamente de lado. No se reconocía cómoda en la vida partidaria. Las luchas internas dentro de la organización, los agrios debates y muchos malos momentos no le compensaban su activismo. Su abandono del partido no significó desinterés por la vida política, la cual, por otra parte, siempre ha mantenido, aunque restringida a ámbitos más reducidos, y más cercanos a sus actividades profesionales.

La cercanía de Victoria a personas de la dirección del partido, seguramente, tuvo algo que ver con su perspectiva sobre las guerras intestinas. Tenía claro que su apuesta de ese momento estaba en consonancia con las directrices del partido, y no dudaba de que el camino hacia el eurocomunismo era lo que tocaba en ese instante, y la posición pragmática en torno al proceso de negociación emprendida por la dirección le pareció muy oportuna. Victoria era de las personas que pensaban que había que buscar una salida factible al momento que estaban viviendo.

No tuvo activismo político en el interior de la Universidad, sino entre los profesionales cercanos al partido, pero en ámbitos extraacadémicos, en los que se generaban tertulias y reuniones para tratar el futuro del país. Me relató muy vivamente:

> me acuerdo de una reunión muy curiosa, no sé si se había muerto Franco, no me acuerdo, pero eso es una reunión que se hizo en casa de Carracedo, no sé si él militaba, pero estaba muy cercano al partido; entonces, se hizo una reunión de profesionales del partido o cercanos al partido en su casa, que éramos como cincuenta personas. Si nos hu-

bieran querido coger a todos habrían podido perfectamente [...], había profesionales de todo tipo, muchísimos profesores, pero otros también de empresas, o de la Universidad o de instituto, había muchos[77].

Victoria aparece en esa foto flanqueada por Carrillo y Roberto García Luis; sin embargo, ella no recuerda el momento, y eso a pesar de que enfrente tenía al menos a cinco mil personas que abarrotaban la plaza de toros, pero por algún mecanismo de la memoria el momento quedó borrado. Pero sí recuerda vivamente otro de menor relevancia como fue el mitin que un mes más tarde protagonizó Ramón Tamames en el cine Tenerife. Le llamó la atención la preocupación que mostraba Tamames por su aspecto exterior, su hiperactividad y la capacidad de afrontar los discursos sin papeles ni guiones delante.

Victoria era de las pocas mujeres que tenían un protagonismo relevante en las organizaciones políticas del comienzo de la etapa democrática y, por aquel entonces, no era consciente de la escasa presencia femenina. De las mujeres que guarda un recuerdo por su militancia destaca a Elina Bencomo, Maribel Hernández y Ana Hernández.

---

[77] Entrevista con Victoria Jiménez González el 11 de diciembre de 2023.

El papel de segundo orden asignado a las mujeres en estas elecciones se vio reflejado en la composición de las listas electorales. La circunscripción de Tenerife elegía siete diputados, igual que ahora, y se presentaron nueve candidaturas. De los sesenta y tres candidatos solo ocho eran mujeres, y ninguna de ellas encabezaba la lista. La primera del PSOE iba en el puesto seis, nuestra protagonista del PCE en el siete, la de AP en el seis, la primera del PSP iba de suplente en el ocho, en la lista de Falange no había ninguna mujer, la del Partido Socialista de Canarias era el cuatro, en ICU el número dos y otra en el cinco. Es la única candidatura con dos mujeres. La de UCD iba en el seis. Para el Senado por Tenerife una mujer encabezó la lista por UCD. Ningún otro partido presentó mujeres para el Senado.

No obstante, entre 1975 y 1982 el PCE había generado una poderosa atracción sobre jóvenes y mujeres que se tradujo en una importante presencia de estos sectores, favorecida tras su legalización y el trabajo en la superficie que esto permitía y, por tanto, su activismo en distintos sectores sociales y de asociaciones civiles de todo orden. La incorporación de las mujeres "permitió poner en práctica nuevas políticas, en la que la agenda feminista ocupó un espacio notable"[78]. Además de ello, la incorporación de los estudiantes y de las células universitarias a la vida legal y su contagio con el movimiento obrero enriqueció y complejizó la militancia del partido, tanto desde el punto de vista de clase como de género.

> Las comunistas impulsaron de forma definitiva el dinamismo de la sociedad civil, trasladaron sus propuestas a las instituciones y colaboraron de manera decisiva a la consolidación y ampliación de la democracia[79].

G- Algarada de los independentistas

El mitin estuvo caldeado por incidentes de dos tipos. El primero de ellos se produjo en la puerta de entrada y alrededores externos de la plaza de toros con grupos de extrema derecha que, armados con objetos contundentes, pretendían impedir que se celebrara el acto. El segundo, un pequeño altercado con independentistas que en el interior del recinto gritaron consignas contra el PCE y su naturaleza de español. Sobre estos últimos es la imagen que vemos aquí.

---

[78] Moreno Seco, M.; "Militar en el partido de la liberación de la mujer. Las comunistas, el PCE y el feminismo", en Erice F. (dir.): *Un siglo de comunismo en España II. Presencia social y experiencias militantes*, Akal, Madrid, 2002, p. 368.

[79] *Ibid.*, p. 396.

Domingo Garí

Los grupos independentistas dispersos entre el público del acto comenzaron con gritos y abucheos cuando empezó la intervención del primero de los oradores, Alexis García. Rápidamente, los servicios de orden del PCE se acercaron a donde estaba esta gente y los invitaron a abandonar el lugar. Tras forcejeos entre ellos, finalmente lograron expulsarlos. Algún que otro puñetazo y golpe recibieron los miembros de la seguridad y también los independentistas.

Francisco Álvarez lo rememora con estas palabras.

> Algunos independentistas empiezan a provocar una situación de conflicto, pero la resolvió bastante bien el servicio de orden nuestro. Pero más fuerte que esa fue una con unos grupos fascistas en la puerta, con bates de béisbol, muy preparados, un

grupo de seis o siete, pero nuestro servicio de orden lo controló,

sin que interviniera la policía, porque el PCE procuraba que no interviniese, pensando que el remedio podría ser peor que la enfermedad. Por fuera, los grupos de extrema derecha con sus porras y cadenas continuaron golpeando las puertas de la plaza a la vez que lanzaban piedras al interior.

> El grupo de seguidores de Cubillo era muy pequeño pero muy violento, y ahí se emplearon con fuerza los grupos de defensa nuestros. Teníamos siempre un grupo de orden organizado por miembros del partido de Tenerife. Teníamos una buena implantación en los barrios, grupos suficientes, y gente curtida en muchas cosas.

Una vez sofocados esos conatos de boicot iniciales, el mitin pudo seguir con normalidad hasta el final. Solo algunas personas recibieron pequeñas contusiones por el lanzamiento de piedras y fueron atendidas en los servicios médicos que se habían instalado en el interior del recinto.

Las desavenencias entre los comunistas y el nacionalismo independentista no eran nuevas, y lo ocurrido ese día hay que entenderlo en una dinámica que se va formando desde principios de los años sesenta. Tras la efímera experiencia del Canarias Libre, la detención de Cubillo y su posterior fuga y encuentro con Carrillo en París, los caminos se separaron definitivamente. Para los comunistas la experiencia del Canarias Libre era una veleidad pequeñoburguesa, para Cubillo y el MPAIAC la posición del PCE encontraba similitudes con la del PCF en Argelia y su negativa a la independencia. Los independentistas africanistas armaban su corpus y sus argumentaciones desde África y no desde España, así que las prioridades y estrategias no podían confluir porque el PCE estaba comprometido del todo en la democratización del país, y en buscar una salida democrática para el conjunto de los pueblos de España, una vez que el dictador había muerto y su régimen comenzaba a resquebrajarse.

Durante los años setenta las desavenencias se agrandaron entre los comunistas del PCE y los independentistas. En su papel de representarse extremadamente responsable, el PCE en Canarias se mostró muy duro contra el MPAIAC y Cubillo. Tras las emisiones de La Voz de Canarias Libre desde Argel ya se podía observar la distancia sideral que separaba a ambos grupos.

En un artículo de denuncia en el periódico partidario *Siete Estrellas Verdes*, del Movimiento de Independencia de Canarias, a comienzos de 1977, cuando aún el PCE no había sido legalizado, se arremete contra el dirigente canario del PCE José Carlos Mauricio por unas declaraciones que había realizado denunciando la inacción del Gobierno de Suárez contra las emisiones de la radio independentista y exigiéndole que actuara en consecuencia. El articulista comentaba:

> ¿qué quiere decir con esa frase? En boca de un comunista es asombroso escucharla. ¡Cómo cambian los tiempos! Traducida al lenguaje llano significa que pide que el gobierno franquista de Madrid arrecie todavía más sus resortes represivos contra Cubillo y contra el pueblo canario que lo escucha[80].

También se le acusaba de propalar desinformación del tipo "Canarias independiente y el Rubio presidente". Fue criticado por ello y acusado de revisionista: "Señores revisionistas, sigan revisando" y de usar a "figurones de una memez supina". "Mal va el PCE con estos especímenes"[81].

Las tensiones entre el PCE y el MPAIAC fueron creciendo durante todo el periodo en que ambas organizaciones existieron coetáneamente. El MPAIAC estaba en una estrategia africana que incluso le hacía difícil llegar a acuerdos tácticos con el PCC(p), que era independentista, o con el propio Pueblo Canario Unido, que fue la expresión más elaborada y con mejor resultado electoral que hubo entre las organizaciones que defendían el derecho de autodeterminación y la independencia. El MPAIAC no se avino a buscar un acuerdo con los dirigentes de ese frente políti-

---

[80] *Siete Estrellas Verdes*, año 1, n.º 3, 1977.
[81] Ibid.

co, Carlos Suárez y Fernando Sagaseta, y llamó a la abstención para las elecciones de junio de 1977.

Así que no era raro que en el mitin del que hablamos los militantes del independentismo fuesen a boicotear el acto, con lo que pretendían alcanzar una resonancia mediática en el seno del pueblo que la ocasión parecía brindarle.

Para los independentistas, que estaban en una estrategia de todo o nada, no había camino intermedio posible. Lucha armada, confrontación directa con las organizaciones "españolistas" y con los "godos" formaban una manera de actuar que no albergaba más acuerdo y negociación que la señalización del día exacto en que los españoles arriarían su bandera y abandonarían las islas. En esa estaban y en la plaza de toros confiaban en dejar clara su postura frente "a los tramposos líderes españolistas" que promueven "mentes obcecadas por la traición a las aspiraciones del pueblo canario. Ya no hay principios ni dogmas, ni tan siquiera vergüenza", solo, decían, extender el miedo y las mentiras de los estatutos de autonomía que no le interesaban a nadie más que a ellos.

La cosa no fue a mayores, pero, como suele suceder en estos asuntos, se volvió a poner de manifiesto que los odios son más intensos entre las personas más cercanas. Freud había señalado ese tipo de conductas en su trabajo sobre la psicología de las masas, remarcando el hecho de que casi todas las relaciones afectivas íntimas de alguna duración entre dos personas [...] dejan un depósito de sentimientos hostiles, que precisa, para desaparecer, del proceso de la represión[82].

El diagnóstico es extensivo a grupos étnicos y políticos cercanos.

H- Juan Pedro Ascanio

En la esquina inferior derecha de la imagen vemos, con su sien canosa, a Juan Pedro Ascanio, un comunista de la primera época y un referente simbólico del PCE de los setenta. Tenía una dila-

---

[82] Freud, S.: *Psicología de las masas*, Alianza editorial, Madrid, 2024, p. 45.

tada historia en el activismo político, que arrancó en la II República, participando con colaboraciones en los periódicos *En Marcha* y *Altavoz*. Fue condenado por delito de opinión y metido en prisión durante la República en varias ocasiones. En 1932 entra en el PCE, organización que no abandonaría nunca. Tras el golpe de Estado de 1936 es detenido por unos días, pero al ser soldado en activo lo devuelven a su acuartelamiento en Gran Canaria, en donde estaba destinado. No obstante, fue juzgado nuevamente y enviado al campo de concentración de Fyffes, en Tenerife. Tras la finalización de la guerra fue deportado a los destacamentos militares de Marruecos, ocasión que aprovecha para fugarse y trasladarse a territorio del Marruecos francés. Allí es detenido nuevamente e internado en un campo de prisioneros.

Una vez derrotado el fascismo en el norte de África, pasó a vivir de su trabajo de tipógrafo en el país vecino durante los siguientes veinte años. Tras el decreto de indulto de 1966 regresó a Tenerife y comenzó a trabajar en los talleres gráficos del periódico *El Día*. Inmediatamente se reintegró al partido en la clandestinidad, y participó en las incipientes y clandestinas CC.OO. Su naturaleza inquieta y de hombre comprometido lo llevó a sumarse a la experiencia periodística *Sansofé*, una revista que quiso hacer análisis en profundidad de la realidad de las islas. Ahí estuvo con los escritores más jóvenes y lúcidos de aquellos momentos. En esas páginas, y siempre con cuidado, se comenzaba a hablar de las contradicciones de clase, de los problemas que aquejaban a los trabajadores y de la necesidad de la autonomía. Entendía y defendía Canarias por encima del pleitismo insular, tan presente en la prensa de entonces, y de después.

> José Carlos Mauricio, redactor en la revista y exmiembro del PCE, asegura que la información laboral no existía en ningún periódico, luego, a través nuestro, empezó a hacerse información laboral muy potente en *La Provincia* y en otros periódicos, y en *El Día*, porque uno de nuestros coordinadores, cuando nos extendimos a Tenerife, el hombre clave de Tenerife, era Juan Pedro Ascanio, El Chato, un linotipista de *El Día*, que procedía de la época de la República, simpatiquísimo, un hombre maravilloso, y éste era el organizador de la revista en Tenerife[83].

Tras la muerte de Franco, pero aún sin estar legalizado el partido, comenzó a hacer trabajo junto con otros compañeros, va a reuniones organizativas a lo largo de la isla. El 19 de mayo de 1977 está ahí, con su cabello plateado, en la tribuna del PCE. Desde esta foto de perfil podemos adivinar su alegría al contemplar la multitud de gente que asistió al mitin. En ese momento en

---

[83] https://www.eltambor.es/revisitando-la-figura-de-juan-pedro-ascanio-garcia-un-comunista-inquieto/

que habla Alexis García Bravo de Laguna, uno de los jóvenes jefes del PCE en la provincia, debió de sentir satisfacción al contemplar cómo nuevas gentes se sumaban al proyecto y lo rejuvenecían. En la militancia siempre es un aliciente ver la renovación de las personas, nuevas caras, y cómo, poco a poco, se deja de ser imprescindible para que la maquinaria siga adelante. Ascanio podía volver a entonar *La Internacional* a pleno pulmón o simplemente callar y escuchar cómo miles la entonaban, recuperando el tiempo que el fascismo le había robado.

Además de los artículos en los que analizaba y detallaba los problemas laborales, se centró en las cuestiones políticas sobre el tema de la autonomía y la construcción de Canarias como un espacio regional. Con la cabeza asentada en las realidades insulares, propone que la unidad del archipiélago debe partir de sus raíces, y esta no es otra que la isla, para desde ahí ascender a la provincia y después a la región "como la savia en el árbol, naciendo en sus raíces insulares"[84]. Ascanio nos dice que la regionalización de Canarias no puede suplantar a la isla, porque cada isla debe jugar su papel en razón de su proporción al conjunto, además de que lo que nos

---

[84] Revista *Sansofé*, p. 55, 27 de febrero de 1971.

regionaliza son nuestros problemas y esta historia de subdesarrollo infraestructural que todas las islas arrastran en común. En eso Canarias está unificada, como también lo está en el deseo de superar esa situación.

La forma de leer Canarias en clave de subdesarrollo estaba poniéndose en boga en aquellos momentos. La teoría de la dependencia había llegado a las ciencias sociales de por entonces, y sirvió para hacer una lectura novedosa de las islas desde su condición de periferia dentro del sistema capitalista. Seguramente Ascanio había leído el libro *Desarrollo y subdesarrollo de la economía canaria*, editado en 1969, cuyos autores fueron Óscar Bergasa y Antonio González Viéitez, por la novedad que supuso y porque, además, Viéitez era camarada de partido de Ascanio.

Situados como estamos en un área geográfica bien definida, unidas las ideas por un devenir histórico común, con el mismo grado de subdesarrollo económico, situado el Archipiélago en esta frontera especial de donde terminan las lindes de la metrópoli, nacidos a la historia moderna de los pueblos prácticamente al mismo tiempo que el mundo colonial de África y América, tenemos por todo ello nuestros problemas específicos como región, que han estado siempre presentes en la preocupación de los canarios más conscientes y han venido constituyendo el elemento fundamental de nuestra historia política[85].

La historia colonial ha marcado el devenir de las islas, y fruto de ella se han creado artilugios legales para acomodar esa situación. No otra cosa fueron la ley de puertos francos de 1852 y el intenso debate que modeló la ley de 1972 que dio nacimiento al REF (Régimen Económico y Fiscal). Ascanio nos remite a las reformas regionalizadoras que estaban en marcha en Italia y en Francia en aquellos momentos, y hace un llamamiento a que en España se aborde este problema también y, sobre todo, que para Canarias se piense en clave de elaborar unas leyes autonomizadoras, que vayan más allá de la mera descentralización administrativa, para crear organismos políticos que impulsen el desarrollo de las islas.

Había llegado la hora de la verdad. El PCE se presentaba en sociedad en Tenerife por todo lo alto, creando unas expectativas enormes sobre el papel que tendría que jugar en el devenir del país.

I- Maribel Hernández Luis

Oculta entre la multitud, pero localizada finalmente y señalada en esta foto con una flecha

---

[85] Ibid.

negra, nuestra protagonista fue un cuadro importante del PCE en Tenerife. Se formó en la Universidad de La Laguna, en la facultad que entonces se denominaba de Filosofía y Letras, y terminó especializándose en Historia, e impartió docencia en enseñanzas medias desde 1971 en adelante. Posteriormente, amplió sus estudios en la rama de música y se incorporó como profesora de Didáctica de la Música en la Universidad de La Laguna.

Entró a la política clandestina durante su primer curso como docente, en el año académico 1970-1971. Su marido era miembro de CC.OO. y también del PCE. Era habitual que las parejas, por aquellas fechas, compartieran militancia clandestina, y que los círculos de amistades influyeran poderosamente en las elecciones vitales. Maribel entró en el PCE tras haber mantenido una reunión, junto con otras compañeras, con un reconocido referente del PCE de entonces llamado Lorenzo Arocena.

Tras su incorporación al partido se puso a trabajar en la constitución de una célula clandestina en el centro de enseñanzas medias localizado en la Casa Cuna, posteriormente denominado Tomás de Iriarte, en homenaje al fabulador e ilustrado portuense. Ese centro era conocido con el sobrenombre de instituto comunista, haciendo honor a una plantilla de profesorado especialmente comprometida con los asuntos políticos y de luchas antifranquistas en el seno de la educación.

Como en el caso de Celsa Fariña, que veremos a continuación, también para Maribel las reivindicaciones entre el colectivo de profesores PNN (profesores no numerarios) fue su primera actividad relevante; pedían como reclamación central la estabilidad de ese cuerpo de docentes. Maribel, junto con sus camaradas de célula comunista, tenía una lejana referencia sobre las discusiones abiertas en el partido tras el VIII Congreso con el asunto del eurocomunismo, porque los debates de la cúpula no llegaban con suficiente información a las bases del partido. Ese importante asunto no era percibido en toda su complejidad por el conjunto de la militancia de base, lo que sin duda fue motivo de muchas de las disidencias que originó posteriormente. Además de su activismo en el colectivo de enseñantes, también participó en reuniones con obreros del sector del metal y del barrio marinero de San Andrés.

Maribel fue nombrada coordinadora de centro y delegada en el Colegio de Licenciados, desde donde se incorporó al trabajo de la asamblea estatal celebrada en Madrid. Cuando llegó a esa ciudad y se desplazó al punto de encuentro debía llevar un periódico bajo el brazo, como los demás miembros que asistían a la asamblea, para poder reconocerse y burlar de esa forma la vigilancia policial. Esa práctica de militancia la fue curtiendo en el trabajo político y en el impulso del programa reivindicativo de los PNN.

Durante 1975 su activismo se hizo más osado y participó en acciones directas de calle. Con una camarada buzoneó, en las viviendas de Salud Alto, un panfleto con información del mitin que la Pasionaria había celebrado en Roma en diciembre de dicho año. En veinte minutos cubrieron la mayoría de las viviendas y el resto de los pasquines los soltaron mientras la gente salía del cine. Desgraciadamente, su compañera fue localizada y detenida.

Al año siguiente asistió a la escuela de verano Rosa Sensat celebrada en Barcelona. En ese momento la capital catalana estaba en plena ebullición y se convirtió en el centro de una gran manifestación por la amnistía y la libertad con gente procedente de los países catalanes, es decir, Cataluña, Baleares y Valencia. Maribel fue testigo de la fortaleza de aquella masa compuesta por millares de personas, así como de la brutalidad de la policía, que no tuvo ningún miramiento en el uso de una carga de caballería y de todo tipo de artilugios represivos. Se refugió como pudo en una cafetería, de la cual no salió hasta las dos de la mañana, cuando ya había quedado la ciudad semidesierta.

De vuelta en Tenerife se reincorpora a las tareas del partido. Tras la legalización en abril de 1977, Carrillo anuncia su visita a la isla para dar un mitin en un acto de precampaña. Fue el momento del reparto de propaganda de manera masiva, y pegada de carteles anunciándolo. Entusiasmada por el llenazo del recinto taurino, sintió que el trabajo de los años precedentes comenzaba a dar sus frutos, aunque finalmente las expectativas creadas con el mitin no se respondiesen con el resultado final en el proceso electoral.

Para Maribel significó un trago amargo tener que pasar por el aro de la reforma dejando abandonado el proyecto de ruptura por el que tanto había luchado. Le costó mucho explicarles a sus camaradas y compañeros el cambio de rumbo del partido, que ella misma no había digerido, pero debía hacerlo por sentido de la disciplina y de compromiso con el PCE, aunque le doliese tener que transigir con el reconocimiento de la bandera franquista y de la monarquía instaurada por el dictador. Posteriormente, los pactos de la Moncloa fueron asumidos por esos mismos criterios de disciplina interna, pero sin convencimiento.

J- Celsa Fariña Mesa

Entre la multitud, pero sin poder identificarla, ni siquiera con su ayuda, está Celsa Fariña Mesa. Desde 1974 se incorporó al Partido del Trabajo de España (PTE). Su activismo comenzó una vez que ya era docente de enseñanzas medias en 1974. En el Colegio de Licenciados compartió las primeras luchas en el sector docente de los PNN. Las demandas eran acerca de las mejoras de las condiciones de trabajo, afianzar sus trabajos, porque eran todos contratados de manera temporal, y la creación de un marco democrático aceptado por el conjunto de los docentes.

Celsa procedía de una familia represaliada durante la guerra y la dictadura. En la República su padre era concejal del PSOE en el municipio de Arafo, y su madre, que también era militante socialista, fue represaliada durante la guerra; pasó tres años encarcelada e incluso tras la finalización de la contienda permaneció como prisionera. En ese ambiente familiar con conciencia de clase, Celsa pasó su infancia arropada por su familia y con poco contacto con niñas de su edad. La madre y el maestro del pueblo se ocuparon de su formación hasta el último año de bachillerato, que lo cursa en el instituto de La Laguna. De ahí pasó a la Universidad, en donde realizó los estudios de Historia, que finalizó en 1971.

No fue muy activa políticamente en la Universidad, aunque sí participaba en las asambleas estudiantiles que se convocaban, y como ella había vivido una experiencia familiar de socialistas que se consideraban marxistas, no sintió la curiosidad suficiente como para entrar a militar en el PCE en sus años de formación, entre 1967 y 1971. Pero una vez que abandonó la Universidad y se insertó en el ámbito laboral se fue acercando paulatinamente a la militancia partidaria. La experiencia del Colegio de Licenciados fue muy importante para darse cuenta de la necesidad de incorporarse activamente a la lucha antifranquista.

La reivindicación de la mejora de las condiciones laborales en el instituto Viera y Clavijo la llevó a cabo un grupo reducido de profesores, porque la mayoría no asumía la necesidad de organizarse y participar y porque el miedo, o quizá también la conformidad con el propio sistema, formaba parte de aquel universo. El trabajo político, asambleario, no era regalado:

> En los institutos estaba prohibido reunirnos, hacer una asamblea para comentar cuál era la situación laboral que teníamos, o sea, estaba prohibido hasta el punto de que una vez el director del instituto, a

otras compañeras y a mí, nos llamó la atención y nos dijo que nos iban a hacer un expediente[86].

Los sectores activos que conformaron la asamblea de PNN los componían militantes de los distintos partidos de las izquierdas comunistas clandestinas que existían en aquel entonces. Una parte significativa de estas personas luego se unieron para las elecciones de 1977 en el Frente Democrático de Izquierda y, finalmente, en 1979, el PTE, en una deriva maoísta, confluyó en el proceso electoral de aquel año con la ORT (Organización Revolucionaria de Trabajadores). Pero fuera de los ajetreos propios de los procesos electorales, el PTE trabajaba en la Universidad y en algunos barrios del entorno capitalino, repartiendo los boletines del partido o celebrando asambleas en los barrios populares, para estudiar las necesidades y demandas que estos sectores tenían y facilitar su acercamiento. La propaganda partidaria era central en aquellos momentos.

Cuando el proceso de cambio de régimen se puso en marcha, el PTE se incorporó a las estructuras plurales de las organizaciones opositoras, y así formaron parte de la Coordinadora de Fuerzas Democráticas de Canarias, pero manteniendo las desavenencias con el PCE y su estrategia para la transición. El PTE creía que la ruptura democrá-

---

[86] Entrevista con Celsa Fariña Mesa el 17 de abril de 2024.

tica era un proceso que debía darse a partir de una huelga general y no de una negociación a la baja con el Estado y el Gobierno. Pero tras las primeras elecciones de 1977, la aceptación del marco político creado *de facto* por la correlación de fuerzas se fue imponiendo, como había sucedido también con el resto de las organizaciones de la izquierda radical.

Para las mujeres de entonces la lucha por el socialismo y la organización obrera tenía que complementarse con las luchas feministas, en las que el derecho a la igualdad entre hombres y mujeres fuera la idea central, porque no todos los hombres de izquierda comprendían y aceptaban el feminismo; bien al contrario, los militantes de las organizaciones de la izquierda también eran machistas, y les costaba comprender y asumir los postulados que las mujeres incorporaban a las distintas organizaciones. Incluso para las propias mujeres que ya tenían la conciencia de un feminismo incipiente, la asunción completa del ideario feminista se fue haciendo paulatinamente, porque la preocupación central en aquellos años en torno a esta problemática era la reivindicación de la igualdad ante la ley. Celsa, con esa perspectiva, participó en la creación de la Organización Democrática de Mujeres. Y desde ese organismo, asumiendo su militancia feminista, lo hacía en los siguientes términos:

el feminismo era una cuestión que no la tenías muy presente. Vamos a ver, éramos mujeres feministas en el sentido de esa etapa inicial de pedir derechos políticos ante la ley [...]. Las mujeres de los partidos de izquierdas de ese momento no lo tenían tan claro [como ahora]. Estábamos en una primera etapa de una reivindicación de igualdad ante la ley en el sentido muy amplio del término.

Ella misma, a pesar de estar en una organización distinta al PCE, había repartido hojas volanderas y panfletos anunciando el mitin de Carrillo. Había que ir a ese mitin si se tenía un mínimo de sentido de la democracia, si estabas en una posición antifranquista. En dirección a la plaza de toros, el entusiasmo y la alegría por el evento se mezclaban con la tensión del momento porque aún el fascismo estaba fuerte. Y las libertades apenas asomaban por una estrecha rendija. Cuando llegó a la plaza se quedó encantada por el llenazo, una cosa insólita para los comunistas hasta el momento en esa ciudad, y le produjo la impresión de que aquel apoyo se vería consolidado el día de las elecciones. Sus expectativas eran muy altas ese día.

La intervención de Carrillo le confirmó la idea de estar ante un mito, una persona que venía de otro horizonte político, casi de leyenda, independientemente de las desavenencias políticas e ideológicas que tenían sus respectivos partidos. El asunto de que el PCE hubiera asumido la bandera franquista y la monarquía fue determinante para que no se plantease en ningún momento la necesidad de la cercanía entre ambas organizaciones, porque el PTE se situaba en un horizonte de república federal que de ninguna manera podía dejar en el olvido por cuestiones tácticas.

Cuando se acabó el mitin, Celsa Fariña salió eufórica y cargada de entusiasmo para continuar en la militancia, con el convencimiento de que todo era posible. Continuó implicada en las luchas en el sector de los enseñantes, y participó decididamente en la organización del boicot a las oposiciones para maestros del año 1977, el cual tuvo mucho seguimiento y participación en los distintos territorios del Estado.

K- La barba

La barba era un atributo común entre los jóvenes de entonces. Los pelos largos, los pantalones vaqueros y otros atuendos informales, porque la lucha por la democracia trajo nuevas formas estéticas, igual que nuevas conductas morales y culturales. El régimen toleraba aquello de mala gana, pero no dejaba de pensar que tras esas formas se ocultaban individuos insanos, peligrosos, degenerados. No eran de fiar. Una buena barba podía ser suficiente para entrar a formar parte del grupo de los individuos sospe-

chosos. Una buena barba puede ser un argumento añadido para matar al joven que la luce.

La barba que llevaba Bartolomé García Lorenzo el 22 de septiembre de 1976, cuando fue ametrallado en una vivienda de su familia en el barrio de Somosierra, fue usada como prueba de cargo, o más bien de descargo, por parte de los policías que lo acribillaron. Cuando Bartolomé abrió la puerta y los policías apostados en el rellano y en las escaleras vieron aparecer aquel rostro con su gran barba, lo sentenciaron a una muerte extralegal inmediata. La barba era negra y poblada. ¡Mal asunto!

Los policías iban bien armados, según se describe en las declaraciones durante el juicio, por el que apenas fueron condenados a prácticamente nada y sin pérdida de escalafón. Una metralleta G-

157

2, un revólver calibre 38, una metralleta Marietta, una pistola Walter de 9 mm, otro revólver calibre 38, otra metralleta G-2. Del otro lado, un "un joven de 21 años de edad, alto, de poblada barba negra, soltero, estudiante". Y se desató la balacera. La puerta fue atravesada por una lluvia de balas de todas aquellas armas y, finalmente, acabaron con la vida del joven de la barba poblada.

Porque al tocar el timbre de la casa, Bartolomé abrió y al ver a tanta gente armada volvió a cerrar rápido. ¡Qué cosa tan natural! Cualquiera lo haría. Pero todos aquellos policías apostados en posición de disparo, alguno de ellos recién llegado de la lucha contra ETA en el País Vasco, vieron su figura y sintieron miedo. Los *jeeps* de la policía armada fueron "invocados" al lugar, con más armas. Eran los vehículos k-2 y k-3, "y a los pocos instantes entreabrió ligeramente la puerta un joven alto, de 21 años de edad, con espesa barba". Y luego otro declaró que la barba era abundante, "un joven con barba abundante". Otro tercero dijo que la barba era poblada. Como la que se ve en esta foto, puedo imaginarme. Al final de la declaración se volvió a la barba original: "poblada barba negra", que acentuó la impresión de peligro en todos aquellos policías que estaban en el operativo. Y la última vez que se señaló la peligrosidad de la barba se usó de nuevo esta última descripción: "poblada barba negra".

Los comunistas usaban barba, otros que no eran comunistas, pero eran jóvenes, usaban barba. Las barbas solían ser negras teniendo en cuenta el tipo de cabello más abundante entre los habitantes de la isla. Y era lógico que fueran abundantes, porque cuando se es joven casi todo se tiene en abundancia. Pero la dictadura seguía presente, aunque el dictador ya estaba muerto y su cuerpo podrido bajo la lápida enorme que lo sepultaba. Los operativos policiales siguieron amparados por la impunidad en el año siguiente y en el otro y muchos años después, porque, en la escuela de la dictadura, el adiestramiento de las fuerzas represivas se llevaba a cabo con el mismo siniestro libro de texto, cuya primera lección era *primero dispara, que luego el aparato jurídico se encarga de limpiar lo que se haya ensuciado.*

Los estereotipos sobre los subversivos se siguieron usando en los años posteriores. Con el ministro del Interior socialista José Barrionuevo se puso en marcha, en 1983, el plan ZEN (Zona Especial del Norte), con el que se pretendía afrontar la lucha contra ETA. Este ministro fue condenado en 1998 por actividades terroristas llevadas a cabo por los Grupos Antiterroristas de Liberación (GAL). Una de las primeras advertencias que el plan enseñaba a la policía era que permaneciesen alerta ante una serie de situaciones o individuos. Entre los puntos de las alertas señalan lo siguiente:

> Desconfíe especialmente de las personas jóvenes, sobre todo si visten anorak oscuro, pantalón vaquero, zapatillas deportivas y bolsa de deportes.

Vestimenta bastante habitual en el País Vasco, sobre todo el anorak. Y el plan también advierte de tener cuidado con las motos que circulan con dos ocupantes, o con las mujeres que conducen un vehículo y pretenden llamar su atención. Si sus vecinos son jóvenes y solo reciben visitas de jóvenes por las noches, y también si es "abordado por una mujer atractiva", hay que sospechar. Qué joven no entraba en ese estereotipo absurdo sería la cuestión que habría que preguntarse. Si el gatillo debe estar preparado ante esas eventualidades, como se aconseja, el nivel de alerta lleva a los policías a emprender abusos o errores mortales de forma frecuente[87].

La Ley de orden público de 1959, de cuyo texto una buena parte sigue vigente,

> señalaba en su primer apartado como acto contrario al orden público "Los que perturben o intenten perturbar el ejercicio de los derechos reconocidos en el Fuero de los Españoles y demás Leyes Fundamentales de la Nación, o que atenten a la unidad espiritual, nacional, política y social de España". La ambigüedad de la expresión que supone, por

---

[87]   https://borrokagaraia.files.wordpress.com/2013/08/plan_zen.pdf.

ejemplo, atentar a la unidad espiritual de España, permite a las autoridades gubernativas actuar de forma arbitraria al poder incluir en esa fórmula lo que éstas interpreten como tal[88].

Esas leyes locas del fascismo hacían ver que unos pelos largos o unas barbas frondosas eran sinónimo de subversión. Esta filosofía troglodita se extendió por Latinoamérica durante las dictaduras de los setenta. En Argentina tener pelos largos y barbas te podía costar una detención, con lo que ello implicaba de humillación y vejación, si no la muerte[89].

En Chile le dijeron Operación corte de pelo y barba. "Una nueva 'onda' se impone rápidamente entre la juventud, el pelo corto y bien aseado". Por entonces las peluquerías atendían colas de quienes querían el *look* viril y renovador. La jugada fue completada por la Dirección de Educación Secundaria, que prescribió la exclusión del pelo largo entre los varones[90]. Videla y Pinochet eran admiradores de Franco.

---

[88] https://vlex.es/vid/orden-publico-proceso-evolutivo-387778844.

[89] https://journals.openedition.org/cal/8923.

[90] https://www.latercera.com/culto/2020/10/22/a-cortarse-el-pelo-chiquillos/.

L- Juan Jesús Arteaga

Juan Jesús Arteaga, militante de base del PCE desde principios de los años setenta, está sentado en la grada, en la parte derecha del escenario, rodeado de gente y contemplando entusiasmado la evolución del mitin. Arteaga, como lo llama la gente, comenzó a interesarse por los problemas sociales y políticos a comienzos de los años setenta desde su condición de cristiano. Durante el Curso de Orientación Universitaria 1972-73 se topó con un profesor de Religión que le hizo tomar conciencia de la situación, juntamente con otro profesor de la asignatura de Formación del Espíritu Nacional. Las lecciones impartidas en esas dos materias ayudaron al despertar de la conciencia política antifranquista. En las clases trabajaban las noticias actuales desde una perspectiva crítica. El profesor terminó siendo concejal del PCE en la isla de La Palma en las elecciones locales de 1979.

Tras ese despertar continuó adentrándose en la profundización de la crítica a la dictadura y, gracias a un amigo y compañero de clase, una vez que había entrado a estudiar en la Universidad, comenzó a asistir a los seminarios que impartía el miembro de la OPI Arcadio Díaz Tejera. Arteaga comenta que los textos que se leían en aquel seminario "eran sobre todo los de Lenin". Los libros entraban a la isla clandestinamente en los barcos de flotas extranjeras.

En 1975 entró en el PCE, animado por su compañero de piso estudiantil lagunero, un gallego que terminaría siendo destacado miembro de la Liga Comunista Revolucionaria. Comenzó a participar en una de las tantas células universitarias del partido, que eran estructuras compuestas por cuatro o cinco miembros de la organización. Su célula la conformaban dos chicos y dos chicas. Desde 1976 empezó a escuchar y leer las nuevas orientaciones eurocomunistas que procedían de la dirección, aunque en su entorno la gente no compartía esa nueva posición y se veían mejor reflejados en posiciones más de izquierda. Producto de esa tensión entre distintos sectores, se alejó brevemente del PCE y entró en un círculo llamado colectivo Antonio Gramsci. Era un círculo muy ideologizado en el que se leían muchos textos de manera continuada. La figura destacada de ese colectivo era Manuel Medina. En 1976 se comenzaron a desarrollar las agrupaciones de facultad, y Arteaga entró a formar parte de la de Filosofía y Ciencias de la Educación.

La actividad militante consistía principalmente en elaborar carteles a mano, que luego eran colocados en distintas partes de los edificios universitarios. La tarea solía llevar casi una noche completa porque todo el trabajo era muy artesanal. Además, vendía la revista *Mundo Obrero* y ayudaba a mantener al PCE con una presencia constante en la Universidad. Era importante ser elegido delegado de curso para foguearse con los cuadros de los distintos partidos, con los que se entraba en competencia por la atención del estudiantado. El partido promovía conductas responsables de asistencia a las clases y alentaba el esfuerzo por aprobar todas las asignaturas con buenas notas. Había que ser un estudiante disciplinado.

Junto con el trabajo universitario, tras la legalización del partido, Arteaga, con otros camaradas, se desplazó unos días al sur de la isla para organizar mítines en las distintas poblaciones de esa zona. Tras pasar alguna fatiga por falta de comida en una casa de la playa del Socorro, en el municipio de Güímar, llegaron al restaurante del francés, que así se conocía el bar que regentaba un militante que había estado exiliado en Francia durante años. Repusieron energías y comenzaron la agitación por los pueblos, con coches armados con aparatos de megafonía, pegada de carteles y organización de reuniones con grupos de trabajadores.

Arteaga no entró en discusiones con la línea oficial del partido porque, tras su vuelta después de haberlo abandonado brevemente en su acercamiento al colectivo Antonio Gramsci, decidió comportarse como un disciplinado militante del PCE, con mucho trabajo de calle y poca controversia ideológica. Y así es como llegó al mitin de Carrillo de mayo de 1977. Y Arteaga sentado en el lateral del escenario se siente impresionado al ver cómo se había llenado la plaza, y aquello le recordaba un momento de igual emoción cuando, no hacía mucho, había asistido en ese mismo recinto y con un lleno similar al concierto de Silvio Rodríguez y Pablo Milanés.

A pesar de la emoción y de sentir cómo bullía aquel momento histórico, no podía dejar de pensar en las renuncias que el partido había hecho sobre todo en los temas simbólicos, como fueron la aceptación de la monarquía y de la bandera franquista, que en verdad era la bandera de los Borbones, de la que se había apropiado el fascismo durante la guerra civil, para oponerla a la bandera tricolor republicana. La animadversión que se profesaban los distintos grupos opositores al viejo régimen, en este caso, los independentistas y los comunistas del PCE, le hizo pensar que

165

se dedicaban demasiadas energías al ataque de los que estaban más cerca, y que esas energías mal empleadas debían enfocarse hacia el ataque a los adversarios verdaderos. La euforia vivida en el mitin se tornó en decepción tras los resultados electorales de aquella primera contienda.

Tras muchos años de aquel acontecimiento, Juan Jesús Arteaga donó una colección de fotografías al Archivo de la Transición Democrática en Canarias (ATDC), de la Universidad de La Laguna. Algunas de ellas las editamos en esta publicación y la breve historia de su hallazgo y posterior depósito nos fue narrada por él.

El fotógrafo del partido en Tenerife en 1977 se llamaba Eduardo Barrios y, además de ser carpintero, era aficionado a la fotografía. En todos los actos oficiales del partido iba con su cámara e inmortalizaba los momentos. Eduardo había sido el primer marido de la mujer de Arteaga; y el hijo de ese matrimonio, en 2019, una vez que había fallecido su padre, encontró en la casa esta serie de fotografías. Hay de muchos eventos organizados por el PCE y CC.OO. y de los candidatos en los sucesivos procesos electorales, así como las fotografías de los programas electorales. Una vez que Arteaga está en poder de las fotografías, un amigo suyo le dice que sería mejor entregarlas en el ATDC de la Universidad de La Laguna, porque ahí iban a estar mejor conservadas, bien custodiadas y al alcance de todo el mundo que quisiera verlas. Y así fue como se consumó la feliz entrega.

M- Pablo Ródenas

En la primera fila del mitin vemos a Pablo Ródenas sentado en la silla número tres. El PUCC había sido invitado para que asistiera al mitin, igual que se hizo con otros partidos democráticos. Esta era una norma no escrita que se llevaba a cabo en la época. La asistencia era, por tanto, un acto de cortesía. Cuando va camino de dirigirse a la plaza de toros ya es evidente el éxito de público que habría de tener el acto, aunque de ello no se derivase una proyección sobre la fuerza real del partido, que debería poner a prueba en las elecciones del mes de junio. En general, la asistencia a los mítines de casi todos los partidos de la oposición era muy numerosa, y también en cualquier acto político que se convocase por aquellas fechas. La presencia masiva de gente reforzaba la idea de que el camino a la democracia sería más fácil si la oposición lograba movilizar a importantes sectores del pueblo.

> Se tenía la convicción de que si la dictadura necesitaba convertirse en una democracia era por la intensa labor de la oposición antifranquista de los quince años anteriores, cada vez más y más activa[91].

Durante el desarrollo del mitin se puso de manifiesto la naturaleza convencional del acto, en el sentido de que allí de lo que se trataba era de reforzar las convicciones de los propios sobre la justeza de la línea del partido, a la vez que atraer a los indecisos, que en aquellos primeros momentos de la democracia eran muchos. Lógicamente el hecho de que Carrillo fuera la persona principal del acto daba un plus a la curiosidad de la gente, que estaba dispuesta a escuchar y ver a una persona que ya tenía una larguísima historia en la política española. Carrillo, se mire por donde se mire, era un verdadero símbolo de la oposición en aquellas fechas. El entusiasmo del público saltaba a la vista porque

---

[91] Texto enviado por Pablo Ródenas al autor el 17 de febrero de 2024.

muchos eran conscientes de que estaban siendo testigos de un acontecimiento histórico.

Pablo Ródenas responde amablemente a dos preguntas sobre el análisis del mitin y la posición del PUCC.

¿El mitin acercó, alejó o no produjo ningún efecto en cuanto a reafirmar a tu partido (PUCC) en sus posiciones?

> Éramos partidos diferentes. El PUCC, como he re-
> cordado en diferentes ocasiones, fue fundado a fi-
> nales del 75 como partido de izquierda radical,
> fundado a partir de miembros de la rama canaria
> de OPI y de trabajadores y estudiantes antifran-
> quistas, que nos organizamos afrontando las nece-
> sidades y los retos de la sociedad canaria, desde la
> perspectiva del pueblo trabajador canario y con la
> finalidad de actuar exclusivamente en el ámbito
> canario. Además, nosotros estábamos antes que
> nada por la unidad de acción de las izquierdas, y
> pensábamos que los procesos de unificación de los
> comunistas vendrían después, en todo caso. Pero
> ya entonces lo primero era muy difícil y lo segundo
> más, dado que se trataba de acción unitaria y de
> unificación en el ámbito de Canarias.
> Además, en aquellas fechas, la campaña electoral
> empezaba poco después y los partidos estaban cen-
> trados en cómo abordar las primeras elecciones, que
> quiero recordar que fueron convocadas por un de-
> creto-ley electoral que se fundamentó en la fran-
> quista Ley de Reforma del 76. Las elecciones del 77
> no fueron convocadas como constituyentes (aunque
> aquellas Cortes luego redactaron la Constitución del
> 78, que aún pervive). El sistema de partidos que se

169

estaba conformando las consideraba unas elecciones plenamente democráticas, pero para nosotros no podían serlo desde el mismo momento en que nos negaron la legalización y la posibilidad de presentarnos como partido. La situación era muy difícil. Hay que recordar, por ejemplo, que en enero fueron los asesinatos del despacho de abogados de Atocha y que tanto antes como después hubo muchos otros crímenes de Estado. Sólo en Tenerife, antes del 77 los de Antonio Padilla Corona, Antonio González Ramos y Bartolomé García Lorenzo y luego el de Javier Fernández Quesada, asesinatos que tú mismo has investigado.

Había una oportunidad política para pensar un proyecto para Canarias de forma audaz e innovadora, entendiendo nuestra sociedad como una nacionalidad diferenciada que debía exigir, y a la que había que reconocer, su derecho democrático a determinar libremente su futuro. Y en esa situación aspirábamos a tres objetivos: uno, reconocer y visibilizar los principales problemas sociales de la población canaria, sin exagerarlos ni embellecerlos; dos, elaborar y proponer de forma pública un proyecto político alternativo para construir una sociedad democrática soberana, menos desigual y menos dependiente, en la perspectiva de avanzar hacia el socialismo; y tres, luchar por esa alternativa de corto y largo plazo siempre con un estilo de trabajo no sectario, pluralista y democrático[92].

¿Qué expectativas tenías tú en cuanto al resultado electoral que pudieran tener los comunistas,

[92] Ibid.

tanto del PCE como los del PUCC y otros partidos comunistas? ¿Las elecciones fueron una decepción o los resultados estaban dentro de los pensados?

Los resultados sabíamos que no podían ser buenos después de tantos años de dictadura. Pero fueron significativamente malos, incluso en aquellas precarias condiciones en las que el gobierno todavía franquista puso toda la carne en el asador a favor de UCD y todas las trabas posibles a los partidos de la izquierda, a los legalizados y más aún a los que no quiso legalizar, sino estigmatizar. Tuvimos que presentarnos mediante fórmulas rocambolescas en plataformas inscritas a última hora y de mala manera. ¡Curioso, la legalización nos llegó después de las elecciones, en noviembre de aquel mismo año!

En cualquier caso, en las convocatorias electorales siempre fomentamos procesos de unidad y nunca quisimos presentarnos como partido en solitario. Porque nosotros no fuimos nunca un partido de profesionales de la política, sino de personas comprometidas con el cambio social. No centrábamos nuestra actividad en lo electoral, sino en lo social en toda su amplitud: apoyo al mundo sindicalista, feminista, municipalista, ecologista, internacionalista, etcétera. Lo atestigua tanto nuestra participación en todos los hechos políticos relevantes de entonces como los materiales que debatimos en nuestros cinco congresos (realizados entre 1977 y 1989) y en conferencias, periódicos, declaraciones y acuerdos. Nadie de la época puede decir algo parecido a esto en Canarias[93].

N- Montserrat González Lugo

Montserrat González Lugo, con gafas de sol, mira al escenario desde su ubicación en la primera fila. Vivió la política antifranquista desde que era niña. Hija de padres de izquierda, padre comunista y madre anarquista, su infancia y adolescencia estuvo marcada por un ambiente marcadamente antifascista, y ello motivó que en su adolescencia comenzase el activismo en las cercanías del PCE. Las amistades familiares partici-

---

[93] Ibid.

paban también de esas mismas inquietudes que sus progenitores, y algunos querían ver en la joven Montserrat una futura, pero no lejana, dirigente del partido. Para ella supuso un impacto muy tremendo la ejecución del comunista Julián Grimau el 23 de abril de 1963, y así lo hizo ver en su colegio a la temprana edad de trece años al ir vestida con falda blanca, jersey y calcetines negros, como símbolo de rechazo al fusilamiento. Ese mismo año participó en apoyo a la huelga de guaguas en Santa Cruz.

En 1967 entró formalmente en las Juventudes Comunistas durante su primer año en la Universidad. La célula de Juventudes la integraba junto con los hermanos Méndez y un trabajador del mercado, que tenía un puesto en donde vendía pescado. Desde su temprana militancia mantuvo contacto con Fernando Sagaseta, Germán Pires o Alfredo Horas y, por tanto, su posición crítica contra la propuesta eurocomunista que comenzó a formularse a finales de los sesenta se acrecentó en ese ambiente, luego reforzado por su emparejamiento afectivo con Julián Ayala, quien era un cuadro político que tempranamente también sostuvo una posición crítica contra las propuestas de la dirección del PCE. Desde comienzos de los setenta y junto con otras mujeres, algunas camaradas del partido y otras simpatizantes, comenzó su andadura feminista, lo que en la época entrañaba un doble conflicto social y político, porque no todos los comunistas entendían y compartían el feminismo y, desde luego, el comunismo no dejaba de ser una propuesta minoritaria en una sociedad aplastada por el franquismo.

Tras asistir a una reunión en Madrid del Movimiento Democrático de Mujeres, inició su proselitismo feminista desde dentro del partido, tras contactar con una trabajadora de la refinería que también era miembro del partido. Después de algunas experiencias internacionales en el mundo del feminismo, se embarcó en la organización de este movimiento social en Canarias.

En ese momento su militancia partidaria ya no iba a ser en el PCE, sino en el PUCC, y su trabajo para impulsar organismos feministas lo acompañó con su militancia en el frente obrero del partido, porque en ese momento ya era trabajadora en el hospital psiquiátrico. Montserrat activó esa célula unos días después del asesinato del militante del PUCC Antonio González Ramos a manos del torturador de la Brigada Político-Social Matute Fernández, quien lo golpeó hasta su muerte.

Con su activismo feminista coopera en la fundación de la Organización Democrática de Mujeres, que, andando el tiempo, y junto con otras organizaciones feministas, terminan creando la Coordinadora Feminista de Canarias. Pero el asunto que nos la trae aquí es su presencia en el mitin de Carrillo. Ella, como miembro de la dirección del PUCC, fue invitada igual que sus camaradas Pablo Ródenas y Paco Tovar. Una vez comenzada la intervención de Carrillo, se reafirmó en la idea de que el secretario general del PCE estaba haciendo dejación total de los principios que habían dominado en el PCE hasta entonces. Los dirigentes del PUCC querían ser testigos de los términos en que se expresaba el "revisionismo" y de cuál sería la capacidad de convocatoria que tendría. Montserrat pensó, entonces, que el PCE, en su nueva formulación eurocomunista, había dejado en la cuneta su gloriosa historia de lucha antifranquista. Los muertos y los encarcelados, los torturados y los que sufrieron duramente la represión bajo la dictadura, los que habían pasado por el horror de la tortura y los que quedaron marcados poniendo su mente y cuerpo contra el fascismo. Oyendo a Carrillo decir que había que pasar página para centrarse en la conquista de la democracia al coste del olvido, Montserrat se sentía en profundo desacuerdo porque pensaba que no se le podía dar la mano gratuitamente al enemigo. El revisionismo de Carrillo se habría de pagar a la postre con la desaparición del PCE de la vida política española[94].

Durante el mitin, la intervención de José Carlos Mauricio fue la que le pareció mejor, porque recuerda que el uso que hacía el dirigente gran-

---

[94] Entrevista el 26 de marzo de 2024.

canario de los tiempos, de los silencios y de las vueltas a comenzar lo elevaban por encima del resto de oradores de aquel día.

> José Carlos era un tipo capaz de guardar el mundo en su cabeza, electrizante, gesticulante en la justa medida, se movía muy bien, era un actor[95].

Desde su punto de vista, la intervención de Mauricio superó a la Carrillo porque, además, para Mauricio el tema era más cómodo de afrontar, al no tocar cuestiones ideológicas y estratégicas. Mauricio habló de los problemas reales y angustiosos que vivía la sociedad canaria.

También le pareció que Paco Álvarez había hecho una intervención muy acertada, centrada en los problemas de las islas. En aquella fecha las relaciones entre Paco y Montserrat, y sus respectivas parejas, eran muy estrechas, pero las batallas políticas fueron separándolos, llevando aquella amistad a un estado de congelación, porque la ruptura democrática que preconizaban en aquellos momentos las organizaciones de la izquierda radical y las políticas de apertura reformista que impulsaba las gentes del PCE también afectaban en los planos personales, no necesariamente en forma de rupturas y enfrentamiento, pero sí alejando los espacios vitales de unos respecto de los

---

[95] Ibid.

otros. Ese tipo de traumas estuvo muy presente en muchas personas de aquella generación, que había buscado la utopía, el final del fascismo y la instauración del socialismo democrático, aunque lo hicieran por vías diferentes.

5.- Epílogo

La experiencia comunista en los años setenta en el Estado español fue estimulante y a la vez contradictoria. O precisamente por lo uno es lo otro. Mucha gente creía que la revolución era una tarea pendiente después de la muerte de Franco, ya que durante la vida del dictador las posibilidades de llevarla a cabo eran remotas. No tanto por la fortaleza del régimen, sino más bien por la debilidad de la oposición, porque tras la guerra civil y la larga dictadura el apoliticismo promovido por el régimen había echado raíces en una buena parte del pueblo español, si excluimos algunos territorios determinados. Pero, sobre todo, Franco, el franquismo y su modelo de sucesión en la figura del rey tenían el apoyo explícito de los norteamericanos. Y eso era ya suficiente como para garantizar que en España no habría una revolución tras 1975. No la hubo en Portugal con unas condiciones inmensamente superiores a la española, con un apoyo enorme del ejército, bajo el mando de militares revolucionarios, y un pueblo respaldando la acción de forma masiva. Nada de eso existía en España, no más que una lucha muy desigual que libraron los comunistas tras la pérdida de la guerra y la reorganización de los años cuarenta.

El PCE armó toda una red clandestina de militantes en unas condiciones muy desfavorables, pero, así y todo, logró con el trabajo de años ganarse paulatinamente el apoyo de amplios sectores obreros y de la juventud politizada, que no era toda, pero que sí era la dominante en su época, la que irradiaba la posibilidad de un compromiso que terminase de una vez por todas con la dictadura.

En los años sesenta, aunque el partido aún no lo dijese, estaba claro que el modelo soviético no era exportable para España, ni tampoco deseable, a no ser para aquellas minorías que se llamaban prosoviéticas. Tras el XX Congreso del PCUS en 1956, y la información que llegaba a raudales de las atrocidades del estalinismo y de cómo funcionaba el socialismo en la URSS, un pesado lastre se unía al peso desmedido que la dictadura cargaba sobre los hombros de los hombres y mujeres que militaban en el comunismo.

La aventura del eurocomunismo, tal y como he querido reflejar en este texto, fue arriesgada, pero necesaria. Sin el eurocomunismo el comunismo español hubiera muerto mucho antes de salir a la superficie y lograr sentar en el Congreso a una veintena de diputados. Todos esperaban más, pero las condiciones de la guerra fría y el apoyo de la socialdemocracia europea y del capital a los socialistas españoles hicieron posible que quien no había trabajado para deponer al franquismo se viese premiado con un apoyo electoral masivo que era, al fin y al cabo, el que los comunistas pensaron que se merecían ellos. Pero la historia, las masas y la política no se andan con asuntos sentimentales. El PCE venía de muy abajo, porque nunca había sido un partido importante en España. Durante la II República era un partido minoritario que logró sus mejores proyecciones dentro del Frente Popular, que capitaneaban otras formaciones republicanas y socialistas, y durante la guerra civil amplió su influencia merced al apoyo que recibió de la URSS por su papel de intermediario entre los gobiernos de España y de la Unión Soviética.

Así que el verdadero crecimiento del PCE se dio gracias a la actividad antifranquista en la clandestinidad, lo cual tiene mucho más valor. Y también se dio porque el PCE apostó por abrirse a otros grupos sociales y hacer del partido una organización de masas. Sin olvidar el importante papel que jugó en las CC.OO., así como este sindicato en el partido. La apuesta que hizo el PCE por el eurocomunismo encontró animadores y detractores, como siempre sucede cuando hay un cambio notorio en las posiciones políticas. Los defensores entendieron que la nueva postura del partido hacía posible un crecimiento hacia distintos sectores sociales como los intelectuales, los profesionales, los trabajadores asalariados de los servicios, los jóvenes, además de la siempre presente clase obrera, que seguía siendo el núcleo central del partido.

Los sectores muy politizados –sobre todo, provenientes del mundo de los intelectuales jóvenes, y algunos otros procedentes del activismo social más militante– fueron extremadamente críticos con la nueva posición del PCE y situaron al partido al lado del reformismo puro y duro, junto con la derecha moderada y la socialdemocracia. Estos sectores defendían aún la posibilidad de la revolución, aunque no parecía que las masas estuvieran por esa labor. Estos partidos de la extrema izquierda eran intelectuales puros y teóricos de la revolución[96].

La historia se precipitó a gran velocidad y el tornado socialista desbarató cualquier posibilidad de levantar un PCE fuerte en la década de los ochenta. Los cuadros comunistas emigraron en masa al PSOE en 1982 tras la aplastante mayoría absoluta en aquellas elecciones. Después vino Gorbachov y el final de la URSS y del comunismo

---

[96] Sacristán, M.: "A propósito del eurocomunismo", en *Materiales* 6. Noviembre-diciembre de 1977.

en Europa, y el eurocomunismo desapareció de escena. No así la socialdemocracia, pero ahora esta iba a acomodarse a los nuevos tiempos del neoliberalismo, que aún nos sigue azotando.

El debate abierto por los eurocomunistas ya no se entiende por parte de la gente joven, pero visto en retrospectiva creo que generó una última tensión productiva en el mundo de las ideas políticas. La tensión entre eurocomunismo y comunismo estaba inserta dentro de la gran tradición del pensamiento marxista, desde el propio Marx en adelante. Los grandes debates sobre el marxismo o el austromarxismo, entre Bernstein, Kautsky o Lenin, Gramsci y Rosa Luxemburgo, Trotski, y todos los que vinieron después, sin olvidar a Mao, Mariátegui y tantos otros en el tercer mundo. La llegada de los eurocomunistas abrió el último gran debate en esa tradición política y Berlinguer, Carrillo y Marchais fueron sus verdaderos protagonistas.

Finalmente, el eurocomunismo desapareció cuando el comunismo soviético colapsó. La importante influencia de la URSS sobre la historia de los comunismos nacionales no pudo ser convenientemente amortiguada ni siquiera por el PCI, que era el mayor partido comunista de Europa e impulsor de la idea con una reflexión propia sobre la conquista del socialismo de forma diferente a como se había hecho en la URSS. Podemos rastrear esa producción puramente italiana desde la misma creación del partido, y después bajo la influencia de Gramsci y Togliatti. Cuando Palmiro Togliatti escribió la historia del PCI en 1961 subrayó que en Italia

> el acceso al poder se planteaba como un problema de una alianza entre grupos sociales diversos, igualmente interesados en vencer y expulsar del poder al viejo bloque industrial-agrario en el que se habían apoyado[97]

todos los gobiernos italianos desde finales del siglo XIX hasta mitad del siglo XX.

> De esta forma se preveía la base de un bloque social sustancialmente democrático, cuyo programa resolvía los problemas que habían quedado pendientes en el *Risorgimiento*[98],

para llevar adelante una unidad de acción anticapitalista. Todavía no se llamó eurocomunismo, pero podía ser entendido como un antecedente muy inmediato. Y sería la clase obrera con una amplia alianza con otros sectores sociales quien se pondría a la cabeza de la superación de los problemas heredados. En su testamento político de 1964 reivindicó las vías nacionales al socialismo.

---

[97] Togliatti, P.: *El Partido Comunista Italiano*, Avance, Barcelona, p. 56.
[98] *Ibid.*, p. 57.

Este no fue el caso de los franceses, que siempre estuvieron con una mirada prosoviética más intensa que la de los italianos. Tampoco el de los españoles, que, por sus condiciones de clandestinidad y de dependencia de la URSS para subsistir, no comenzaron a elaborar una teoría propia hasta el momento que analizamos en este trabajo.

El harakiri que se proporcionó el PCI bajo el liderazgo de Occhetto tiene un alto nivel de responsabilidad en la muerte de la experiencia eurocomunista en Europa. De manera apresurada, el dirigente italiano que heredó la dirección del partido decidió zanjar la historia del PCI y propuso su reconversión en otra "cosa", cuando aún seguía siendo el segundo partido del país tras la Democracia Cristiana. Con la caída del muro de Berlín el 9 de noviembre de 1989, Occhetto anunció en Bolonia el 29 de noviembre de 1989 su deseo de incorporarse a la socialdemocracia europea, culminando el proceso de disolución el 3 de febrero de 1991, durante la celebración del XX Congreso del PCI, a partir del cual se pasó a denominar Partido Democrático de la Izquierda.

> Lo que el PCI lleva a cabo es un acto autónomo encaminado a iniciar una nueva fase de la política democrática en nuestro país [...]. La nueva formación política de que hablamos debe ser un elemento, e incluso, constituirse en agente, de una reforma de la política y, por lo tanto, de la superación de

viejas lógicas de pertenencia ligadas a diferentes matrices ideológicas[99].

El declive definitivo del PCE estuvo motivado por el triunfo electoral del PSOE en octubre de 1982, al acumular todo el voto útil de la izquierda ante el miedo a los golpistas, que aún seguían dispuestos a terminar con la experiencia de la democracia, cuyo colofón hasta el momento había sido el golpe de 23 febrero de 1981. Bajo la dirección de Carrillo el partido pasó de su techo del 10% de los votos en 1979 al 4% de 1982, de los veintitrés a los cuatro diputados. El partido ya no superaría ese descalabro hasta la formación de Izquierda Unida en 1986, que subió del 7% conseguido con Gerardo Iglesias en 1986 al 10% con Julio Anguita en 1996, de los siete a los veintiún diputados. Aunque en este frente político no todos los diputados electos eran del PCE, sino que estaban distribuidos entre los distintos partidos que conformaban la coalición. El PCE propiamente, como reclamo electoral, ya no apareció después de 1986.

El PCF no se vio sacudido, como los precedentes, ni por una decisión extemporánea de su máximo dirigente ni por ninguna circunstancia concreta que produjese su declive. De forma paulatina

---

[99] Occhetto, A.: *Un año inolvidable*, El País-Aguilar, 1991, pp. 214-215.

el PCF fue retrocediendo en cada proceso electoral desde 1978 en adelante. En 1981, por primera vez desde 1946, bajó de la barrera del 20% y su disminución se hacía efectiva en cada convocatoria de elecciones. De tal forma que el PCF pasó de su momento de gloria de noviembre de 1946, con sus 180 diputados y el 28% de los votos, al 4% de 2002 y quince diputados para este periodo del fin del comunismo en Europa.

En cada país de los implicados en la experiencia del eurocomunismo las causas que llevaron al final de la historia del comunismo son distintas, aunque sobre todas sobrevuele el hecho de la desaparición de la URSS, la caída de la Europa oriental y la pérdida de atractivo de la propuesta comunista, tras haber sido central a lo largo del siglo XX. La perestroika de Gorbachov fue un intento eurocomunista de reforma del Estado soviético que, de haber salido bien, hubiera prolongado el comunismo por décadas y hubiese cambiado su trágico final. En cualquier caso, el comunismo fue una experiencia que cambió el mundo en la pasada centuria, pero terminada esta su rastro ya no es visible en Europa, de tal manera que podemos decir, como colofón, que el comunismo nació con el siglo XX y también murió con el siglo.

6.- Bibliografía

-Azcárate, M.: *Derrotas y esperanzas. La república, la guerra civil y la resistencia*, Tusquets, Barcelona, 1994.
- Belotti, M.: *Berlinguer y Europa, o los orígenes del socialismo en libertad*, Icaria/Antrazyt, Barcelona, 2023.
- Berlinguer, E.: *La cuestión comunista*, Fontamara, Barcelona, 1977
- Carrillo, S.: *Eurocomunismo y Estado*, Crítica, Barcelona, 1977.
- Carrillo, S.: *Nuevos enfoques a problemas de hoy*, Editions sociales, París, 1967.
- Carrillo, S.: *Memorias*, Planeta, Barcelona, 2005.
- Donofrio, A.: *Érase una vez el eurocomunismo. Las razones de un fracaso*, Tecnos, Madrid, 2018.
- Erice, F. (dir.): *Un siglo de comunismo en España II*, Akal, Madrid, 2021.

- Erice F. (dir.): *Un siglo de comunismo en España II. Presencia social y experiencias militantes*, Akal, Madrid, 2002.
- Figes, O.: *La revolución rusa. La tragedia de un pueblo*, Taurus, Madrid, 2021.
- Freud, S.: *Psicología de las masas*, Alianza editorial, Madrid, 2024.
- Ganser, D.: *Los ejércitos secretos de la OTAN. La operación Gladio y el terrorismo en Europa occidental*, El Viejo Topo, Barcelona, 2005.
- Garcés, J.: *Soberanos e intervenidos. Estrategias globales, americanos y españoles*, Siglo XXI, Madrid, 1996.
- Garí, D.: *Historia del nacionalismo canario*, Benchomo, TF/GC, 1992.
- Garí, D.: *Tenerife en rojo. Luchas obreras en la transición política 1975-1977*, La Nave, Valencia, 2010.
- González de Andrés, E.: *¿Reforma o ruptura? Una aproximación crítica a las políticas del Partido Comunista de España entre 1973 y 1977. Programa, discurso y acción sociopolítica*, El Viejo Topo, Barcelona, 2017.
- Llorens, C.: *Historia del Partido Comunista de España. Desde los orígenes (1920) hasta el periodo de su conversión al reformismo (1956-1982)*, Fernando Torres editor, Valencia, 1982.
- Mandel, E.: *Crítica del eurocomunismo*, Fundamentos, Barcelona, 1978.

- Marx y Engels: *El libro rojo y negro*, Júcar, Madrid, 1976.
- Morán, G.: *Miseria y grandeza del Partido Comunista de España, 1939-1985*, Planeta, Barcelona, 1986.
- Navarra, A.: *El comunismo en España. Mito, pueblo y revolución*, Cátedra, Madrid, 2024.
- Occhetto, A.: *Un año inolvidable*, El País-Aguilar, 1991.
- Poch-de-Feliu, Rafael: *La gran transición. Rusia, 1985-2002*, Crítica, Barcelona.
- Preston, P.: *El zorro rojo. La vida de Santiago Carrillo*, Debate, Barcelona, 2013.
- Rivera, A.: *20 diciembre 1973. El día en que ETA puso en jaque al régimen franquista*, Taurus, Madrid, 2021.
- Ruiz-Huerta Carbonell, A.: *La memoria incómoda. Los abogados de Atocha*, Utopía, Córdoba, 2017.
- Sacristán, M.: "A propósito del eurocomunismo", en *Materiales* 6. Noviembre-diciembre de 1977.
- Suárez Rosales, M.: *Historia de la bandera canaria*, Ecotopía, 1981.
- Togliatti, P.: *El Partido Comunista Italiano*, Avance, Barcelona, 1976.
- Treglia, E.: *Fuera de las catacumbas. La política del PCE y el movimiento obrero*, Eneida, Madrid, 2012.

- VV.AA.: *Historia general del socialismo. De 1945 a nuestros días,* tomo I, Destino libro, Barcelona, 1986.

Anexo

PROGRAMA ELECTORAL
PARTIDO COMUNISTA DE ESPAÑA

I.—POR UN VOTO DEMOCRATICO

En España van a celebrarse elecciones generales por primera vez desde 1936, aunque no serán todavía auténticamente libres.

Aún hoy está en pie no sólo una estructura económico-social, en la cual la oligarquía detenta los poderes máximos, sino que además persiste prácticamente incólume el aparato político de la dictadura. El ciudadano ve que los que detentan el poder, a todos los niveles, son los mismos que han gobernado en el pasado. Por otra parte, la televisión y la radio oficiales siguen monopolizadas por el Gobierno que las utiliza de manera discriminatoria.

Ello puede influir en amplios sectores haciendo temer a muchos que el opinar y el votar de modo diferente de los que **mandan** *es susceptible de acarrear represalias y persecuciones, como sucedió durante cuarenta años.*

El hecho de que, aunque se esté poniendo en libertad a los presos políticos, todavía no se haya dictado una amnistía inequívoca en los aspectos políticos y laborales y que restituya en sus derechos a los excombatientes republicanos —con la reposición de todos los funcionarios civiles y militares, pensiones para los mutilados, y reparaciones a los expresos y exiliados políticos y en general a las víctimas de la represión— contribuye a mantener la idea de que los españoles todavía nos dividimos entre vencedores y vencidos.

La atmósfera de temor es fomentada asimismo por las acciones de los grupos terroristas de ultraderecha y por la propaganda neofranquista de Alianza Popular, que juegan a azuzar el miedo de unos y otros para impedir la manifestación auténtica y sincera de la voluntad popular.

Las autoridades gubernativas también contribuyen al clima de inseguridad con las frecuentes detenciones de miembros de los partidos de izquierda y de las organizaciones sindicales, así como con el sinnúmero de prohibiciones de sus actividades.

Lamentablemente, de confirmarse las actuales circunstancias, las elecciones no van a ser presididas por un gobierno provisional de amplio consenso nacional y democrático, como ha propugnado el **PCE**, *que hubiese garantizado plenamente la limpieza del proceso electoral.*

Domingo Garí

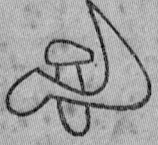

**ESTATUTOS
DEL PARTIDO COMUNISTA
DE ESPAÑA**

aprobados en su
VIII CONGRESO
1972

Domingo Garí

llamamiento del Comité Ejecutivo del Partido Comunista de España a todos los universitarios

Empieza este nuevo curso en medio de una situación política caracterizada por varios hechos esenciales: En primer lugar, el desarrollo de la lucha de la clase obrera y del pueblo; lucha que se concreta este otoño en el avance hacia una gran acción generalizada contra la carestía de la vida, a través del cual las masas muestran su necesidad y deseo de mejores condiciones de vida y su voluntad de cambio democrático.

En segundo lugar, íntima e indisolublemente ligado a la lucha del pueblo, está la aparición de la Junta Democrática de España como plasmación de un amplio acuerdo político. Junta que aparece hoy como un polo de atracción que genera cada vez mayores adhesiones convirtiéndose ya en una alternativa real de poder, en una alternativa capaz de sacar al país del marasmo en que se encuentra y situarla en condiciones de avanzar en la solución de los graves problemas que tiene hoy planteados.

Estos dos elementos, en cuya combinación está la clave del cambio, se intentan combatir desde el gobierno mediante todo tipo de maniobras y actitudes; mezclando aperturismo y represión, llegando a fomentar monstruosas provocaciones como el atentado de Madrid y lanzando ridículas acusaciones contra nuestro Partido en un intento de aislarnos y quebrar la unidad de la oposición.

Pero estas maniobras están destinadas al fracaso, y el proceso de lucha por imponer el programa y la realidad de la Junta Democrática, por devolver la libertad a los pueblos de España, es hoy inevitable.

¡FUERTE OFENSIVA REIVINDICATIVA!

A los universitarios se les presenta la urgente tarea de participar activamente en este proceso. Se plantea la más firme adhesión al programa de la Junta, de avanzar en el camino de conseguir una Universidad y un país libres de la opresión dictatorial.

Desde el primer día de curso hay que lanzar una fuerte ofensiva reivindicativa, abordar todos y cada uno de los problemas que plantea la actual crisis universitaria y batallar por imponer soluciones en un sentido progresivo y democrático.

Problemas como la selectividad, los planes de estudio, la degradación de la enseñanza, la falta de investigación y de perspectiva profesional, los bajos sueldos y la inseguridad en el empleo de los P.N.N., etc., exigen no una actitud meramente protestataria sino un planteamiento a fondo de la solución a cada problema y el desarrollo de una lucha ofensiva en torno a ellas, para ir imponiéndolas aunque sea parcialmente. Desenmascarar, en definitiva, un amplio acaso en el terreno reivindicativo que permita la incorporación de miles de universitarios a la lucha por una Universidad moderna, científica, democrática y al servicio del pueblo.

Es preciso:

En primer lugar, levantar un clamor que exija la incorporación a la Universidad de todos aquellos estudiantes que no hayan sido admitidos en las pruebas de acceso, haciendo de la lucha contra la Ley de Selectividad, contra todas las trabas selectivas, un combate de los más amplias sectores de la población.

El interés del pueblo, el interés de un desarrollo nacional e independiente, está en abrir la Universidad, en crear centenares de nuevos centros, en ampliar los presupuestos; el Movimiento Estudiantil ha de convertirse en soporte de ese interés social progresivo. Es concreto, avanzar hacia la creación de un frente de la enseñanza en el que participen estudiantes —universitarios, de enseñanza media, de formación profesional— profesores, maestros, licenciados y padres de familia, de cara a orientar conjuntamente la lucha por una enseñanza democrática y al servicio del pueblo, con la posibilidad de coordinar acciones en contra de la política educativa de la dictadura.

Luchar, también, por imponer en cada Facultad y escuela la creación de comisiones mixtas en las que estudiantes, profesores y catedráticos elaboren los planes de estudio. Hay que rechazar las disposiciones ministeriales en este terreno, exigir la provisionalidad de los planes y el reconocimiento de la capacidad de elaboración y decisión de los estamentos universitarios.

Y así debe ser con cualquier problema reivindicativo, sea de curso, Facultad o Universidad, exigiendo intervenir, exigiendo decidir; conscientes de la posibilidad real, hoy, de conseguir victorias; conscientes de la vulnerabilidad del Ministerio.

SACAR LA UNIVERSIDAD DEL CAOS

Y en el seno de estas luchas los estudiantes tienen que ir planteando sus aspiraciones a largo plazo, plasmándolas en un programa, abierto y dinámico, que vaya constituyéndose en el eje en torno al cual se crea y articula el Movimiento Estudiantil como movimiento social y político de masas.

Pero la lucha por una Universidad abierta al pueblo, al servicio del interés nacional, en la que se puedan discutir y solucionar democráticamente los problemas, choca con la existencia de la dictadura. Choca con un Ministerio que, a pesar de las concesiones que se le están arrancando, intenta aún imponer su dominio y sus criterios.

Y hay que romper con esta situación. Urge a la Universidad, urge al país, urge a los universitarios, dotarse de un marco democrático de funcionamiento en la Universidad, que permita sacar a ésta del caos en que se encuentra y situarla en condiciones de avanzar hacia la solución de los graves problemas de fondo que la aquejan. Este marco mínimo viene caracterizado por:

1) AMNISTIA UNIVERSITARIA, que comprende la libertad de los detenidos, el retorno de todos los estudiantes, profesores y catedráticos expedientados y el levantamiento de las sanciones.
2) RETIRADA DE LA POLICIA.
3) AUTONOMIA en el orden económico, administrativo y de política educativa.
4) GESTION DEMOCRATICA, que signifique la devolución de las tareas de Gobierno de la Universidad a estudiantes, profesores y catedráticos.
5) LIBERTAD de reunión, expresión y asociación.
6) Su vinculación en CATALUÑA, EUZKADI y GALICIA a la realidad nacional, con el inmediato reconocimiento del catalán, euskera y gallego como idiomas nacionales.

En torno a esta propuesta es hoy posible sumar el máximo número de voluntades. Esta ha de ser la exigencia unánime de estudiantes, profesores y catedráticos de todo aquel que dosee de una manera auténtica y realista sacar a la Universidad de su actual colapso.

Hay que aislar al régimen y al Ministerio haciendo de este programa un punto de ruptura en apoyo del cual tomen posición juntas y claustros. Pero es más: en torno a estas bases hay que concretar un amplio movimiento fuera de la Universidad de todas aquellas fuerzas sociales y políticas —padres de familia, asociaciones de vecinos, partidos políticos, etc.— que se interesan en un problema tan vital como es, en estos momentos, el universitario.

Tomando como base estos puntos será necesario avanzar en la elaboración democrática de los Estatutos de Autonomía que plasmen lo que ha de ser la Universidad e imponer en el momento de la ruptura democrática a empezar a conquistar hoy mismo através del enfrentamiento.

Domingo Garí

VIII

Congreso
del Partido
Comunista
de España

Los movimientos profesionales

ADRIANO BELTRÁN

VIII

Congreso
del Partido
Comunista
de España

Problemas del movimiento obrero

Domingo Garí

ARCH. PRC, LPGC

El G.R. "6 de Agosto" se crea en los momentos actuales, con el único objetivo de participar (decisivamente)en el proceso irreversible que en su - día no ha de llevar a la constitución del Partido Revolucionario que Canarias y los canarios estamos necesitando para traer el socialismo.

Para ello se propone:

- Organizar la discusión democrática que por mita, a partir de un análisis de nuestra realidad, concluir la línea política (programática)revolucio naria inmediata y futura que nos sea más adecuada. Entendemos que la ineficacia revolucionaria que hemos demostrado los marxistas-leninista ha sido debida principalmente al olvido de - esa, nuestra realidad, como punto de partida Es por eso que creemos el que no tienen por qué haber a partir de estos momentos "istas" de ningun tipo, sino revolucionarios que par tiendo del análisis objetivo de nuestra rea- lidad, con la guía del marxismo-leninismo y la experiencia del movimiento obrero y popu- lar internacional, naci nal y local, elabo- ren, colectiva y conjuntamente, las bases y construyan la práctica que ha de transformar revolucionariamente esa realidd.

- Organizar, movilizar y politizar al movi- miento obrero y de masas populares en general, en toda Canarias.
Entendemos que la experiencia concreta mues- tra día trás día, que la constitución del -- Partido Revolucionario, va paralela a la cons titución de las organizaciones de clase, pues sin unas organizaciones de clase capaces de agrupar unitariamente a todos los subjetiva- mente revolucionarios, resulta imposible la confluencia y el encuadramiento de los mili- tantes más avanzados de estas organizaciones en el Partido de vanguardia.

LLAMAMOS a cada uno de los marxistas leninistas canarios o que habiten en Cana- rias a:

- Participar en nuestra publicación CANA- RIAS LIBRE.

- Constituir en las empresas, barrios, -- pueblos, y en general, por todas partes, COMISIO- NES cuyo órgano de dirección sean las ASAMBLEAS de base.

- Fomentar y potenciar por todas partes - la necesidad, hoy para siempre, de soluciones cana rias y de los canarios a los problemas políticos, sociales y económicos que padecemos.

CANARIAS 73

REVOLUCIONARIO GRUPO

6 de Agosto

200

Domingo Garí

Programa Electoral
de la Confederación
Sindical de
Comisiones Obreras

Comisiones Obreras:
Unidad y libertad

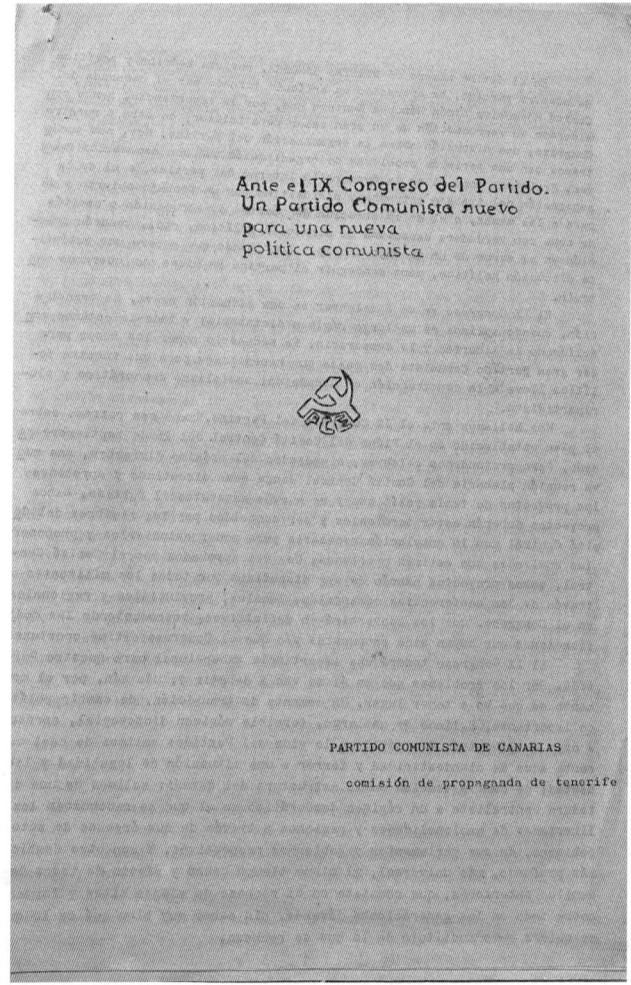

Ante el IX Congreso del Partido.
Un Partido Comunista nuevo
para una nueva
política comunista

PARTIDO COMUNISTA DE CANARIAS

comisión de propaganda de tenerife

Índice